Paul Guillaume

Sylphide de Daranyi

Paul Guillaume

Marchand d'art et collectionneur (1891-1934)

Biographie

Flammarion — Musée de l'Orangerie

ISBN : 978-2-35433-357-7

ISBN : 978-2-0804-3127-1

Introduction

Homme d'affaires ayant un pied de chaque côté de l'Atlantique, infatigable organisateur doué d'un œil certain, charmeur, ambitieux, visionnaire, plein d'entregent, aimé de certains artistes, peu estimé par d'autres dont il vendait pourtant les œuvres, passionné de peinture mais aussi des arts d'Afrique et d'Océanie : qui était vraiment Paul Guillaume ? Comment ce jeune homme, issu d'un milieu modeste, est-il devenu l'un des marchands et collectionneurs d'art moderne et d'art africain les plus importants de l'Europe des années 1914-1934 ? Quel aiguillon l'a poussé toujours plus loin, jusqu'à vouloir laisser une trace dans l'Histoire ? Trois rencontres majeures ont émaillé son existence : celle du poète et critique Guillaume Apollinaire, du collectionneur Albert Barnes, mais aussi de sa femme, Juliette Lacaze.

Les archives de ses galeries successives ayant malheureusement disparu, il faut se pencher sur d'autres sources pour appréhender l'existence de Paul Guillaume, dont ce qu'il reste de la légendaire collection est abrité au musée de l'Orangerie à Paris. Tout d'abord, il existe un fonds d'archives légué au musée par Alain Bouret, provenant de la femme de Paul Guillaume, remariée après sa mort avec Jean Walter. Ce fonds comprend plus de mille documents divers, parmi lesquels quelques échanges manuscrits avec des artistes et d'autres contemporains, plusieurs textes, calligrammes et croquis de sa main, deux albums dans lesquels il a rassemblé les articles de presse le concernant et un album de photographies personnelles.

Le musée de l'Orangerie vient également d'acquérir par voie de don plusieurs précieux albums de photographies de tableaux, sculptures et dessins passés entre les mains de Paul Guillaume, qu'il a rassemblées. De même, le musée conserve des photocopies des photographies de pièces africaines et océaniennes dont il a sans doute fait commerce. Chacune de ces images fait l'objet d'un dossier documentaire. Le tout se monte à plus de trois mille pièces, qui s'ajoutent aux dossiers des cent quarante-huit œuvres de la collection Walter-Guillaume achetées par l'État.

Il faut aussi se pencher sur les lettres que Paul Guillaume a envoyées à ses contemporains, que certains de ses correspondants ont conservées. Sa correspondance croisée avec Apollinaire a été éditée de manière exhaustive en 2016 par Peter Read. Ses lettres au poète sont conservées au département des Manuscrits de la Bibliothèque nationale de France, dans le fonds Apollinaire. On trouve également des envois de Paul Guillaume dans les archives des artistes Henri Matisse et Pablo Picasso, ainsi que dans le fonds Tristan Tzara de la bibliothèque littéraire Jacques-Doucet à Paris, qui sont des sources capitales. Le fonds le plus riche se trouve cependant à la Fondation Barnes à Philadelphie, et se montre particulièrement précieux car Albert Barnes conservait un double de ses propres envois ; on peut donc lire les échanges dans leur intégralité. Les lettres de Paul Guillaume fonctionnent un peu comme un journal intime, qui constitue le fil rouge d'une partie de cet ouvrage. Elles fournissent des précisions introuvables ailleurs sur sa galerie rue La Boétie, son réseau commercial, sa stratégie de vente ou d'achat et sa vie personnelle, ainsi que le prix des œuvres. L'autrice de ces lignes a eu la chance de pouvoir consulter leur version numérisée, aimablement envoyée par la Fondation Barnes avant sa mise en ligne officielle prévue à l'été 2023. Si la plupart de ces correspondances sont connues, elles ont plutôt été exploitées du point de vue de leur destinataire, et l'auteure les a relues intégralement afin d'en tirer des informations concernant Guillaume. Enfin, quelques lettres ont été mises au jour au musée Bourdelle et au musée de Grenoble. D'autres archives en conservent également et sont citées dans cet ouvrage. Les fonds sont nommés pour leur première occurrence, puis ne le sont plus, sauf précision indispensable à la localisation des documents.

Depuis le livre publié il y a trente ans par Colette Giraudon [1], les personnalités ayant entouré Paul Guillaume, les milieux intellectuels et artistiques qu'il a traversés, les œuvres qu'il possédait, qu'il a gardées ou vendues, ont été mieux étudiés. Pour autant, une appréhension plus complète et exhaustive de ce personnage restait encore à réaliser.

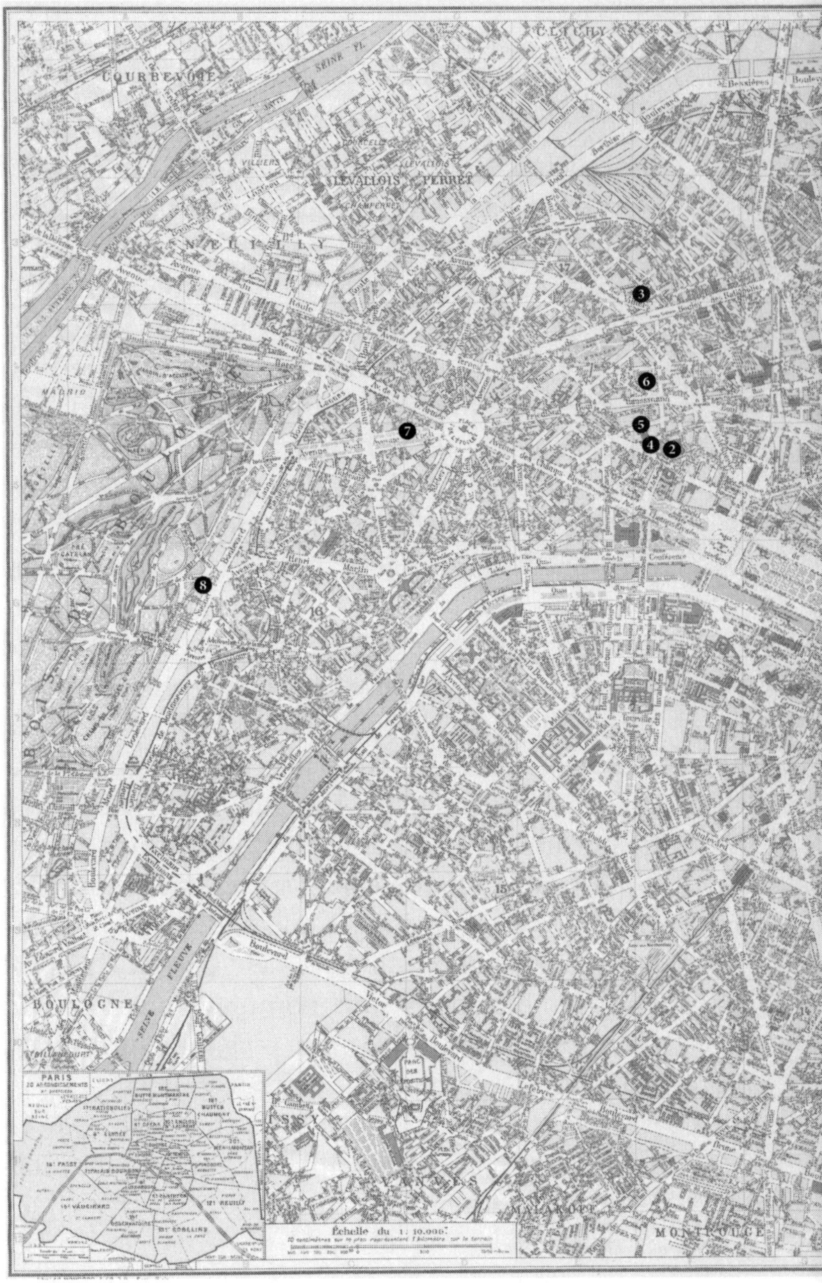

Appartements et galeries de Paul Guillaume

1. 20, rue de Navarin
2. 6, rue de Miromesnil
3. 16, avenue de Villiers
4. 108, rue du Faubourg-Saint-Honoré
5. 59, rue La Boétie
6. 20, avenue de Messine
7. 22, avenue du Bois/Foch
8. 1, avenue du Maréchal-Maunoury

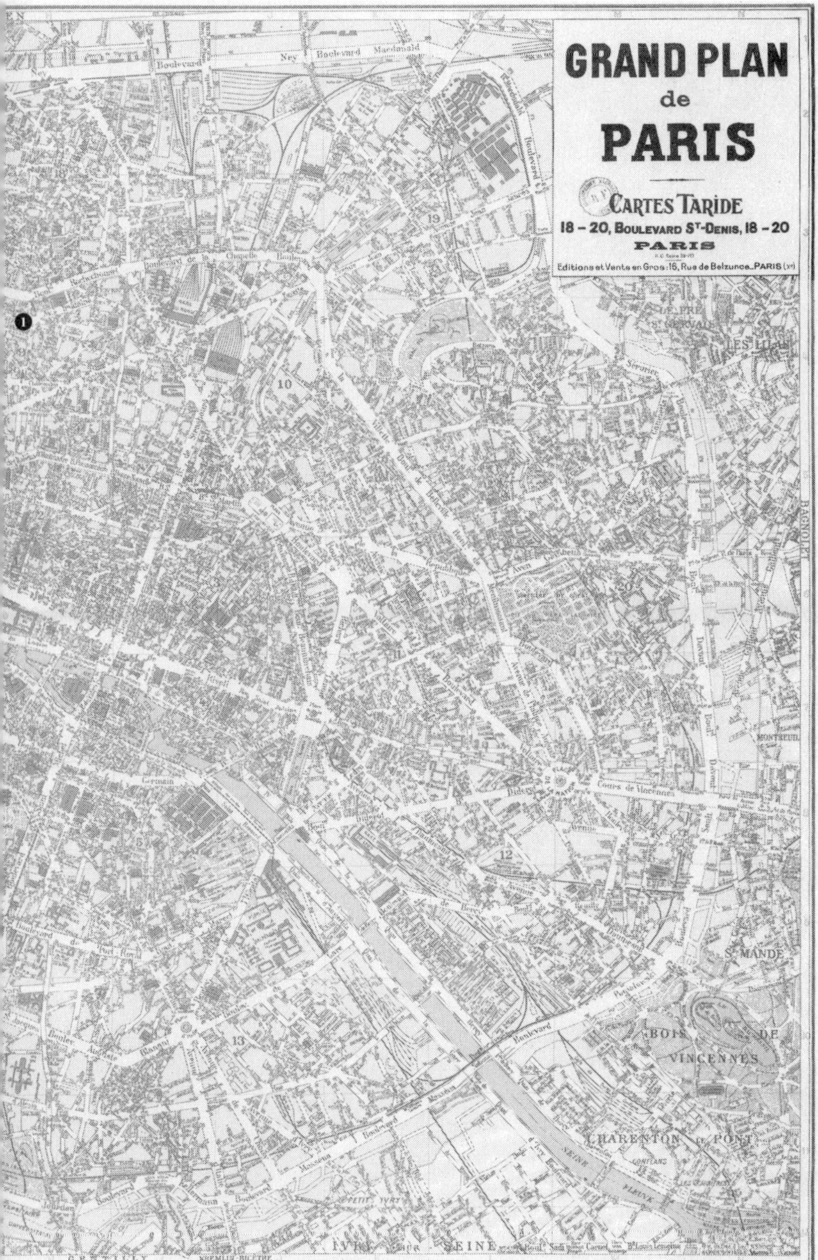

Albert Debersseman, *Plan de Paris*, 1931, texte de Monrocq frères et A. Taride, impression Gaillac-Monrocq et Cie, 2, rue Suger (Paris). Paris, Bibliothèque nationale de France.

Chapitre 1

Un moderne Rastignac : une rencontre capitale et des débuts prometteurs

1911-1914

Paul Guillaume est un vrai Parisien et le reste toute sa vie. Son enfance, sur laquelle il a gardé le silence, est toutefois peu connue. Né le 28 novembre 1891 à Paris, au 71, rue de Rennes, dans le 6ᵉ arrondissement, il est le fils de Jean Guillaume, employé, et sa femme Berthe Hériot. Il a deux sœurs, Marie-Louise et Marthe [2]. La famille vit un temps au 36, rue de Bellefond, au cœur du 9ᵉ arrondissement de Paris. Guillaume raconte – seule anecdote de jeunesse qu'il ait livrée – avoir découvert pour la première fois une « idole africaine » chez une blanchisseuse de Montmartre ; c'est son fils, capitaine « là-bas », qui la lui avait envoyée. L'histoire est peu vraisemblable [3] mais révélatrice de l'art de la mise en scène de Guillaume. Il aurait grandi de manière prémonitoire ou providentielle dans le Montmartre des années 1900, celui des artistes sans le sou mais porteurs de l'art le plus moderne.

Par divers recoupements, on peut reconstituer ceci : orphelin de père dès l'âge de 13 ans, Guillaume doit gagner sa vie tout en développant une passion précoce pour l'art. Il aurait travaillé chez un marchand d'estampes. Plusieurs sources le décrivent ensuite travaillant à 19 ans dans un garage avenue de la Grande-Armée. C'est dans un sens déjà le choix de la modernité. Cette grande artère part de la place de l'Étoile pour mener au bois de Boulogne, alors lieu de promenade le plus élégant de Paris, où la bonne société se rend tous les jours en saison. Elle voit s'ouvrir des commerces pour le vélocipède puis l'automobile. Guillaume, s'il côtoie des mécaniciens et chauffeurs de maître, y rencontre aussi une clientèle fortunée. Il contracte également une passion pour les belles automobiles.

La fabrication des pneus nécessite du caoutchouc, matériau alors importé directement des colonies françaises, notamment celles d'Afrique. C'est donc plus vraisemblablement là que Guillaume découvre des objets africains, ajoutés dans les caisses de caoutchouc, et éprouve un choc esthétique déterminant. Curieux de partager ses découvertes, il place quelques-uns de ces objets dans la vitrine du garage ou bien dans celle d'un petit local qu'il aurait ouvert lui-même dans le voisinage [4]. Sa vie prend un tournant décisif lorsqu'en janvier 1911 le poète, écrivain et critique d'art Guillaume Apollinaire aperçoit un ou plusieurs des objets qu'il a mis en vitrine. L'art africain retient l'attention de ce dernier depuis plusieurs années et il partage cet intérêt esthétique alors très rare avec quelques-uns de ses amis artistes : Maurice de Vlaminck, André Derain et Pablo Picasso. Intrigué, Apollinaire entre et s'adresse à Guillaume qui se trouve au comptoir[5].

Au cours de la discussion, le jeune homme révèle au poète que ses rêves sont ailleurs qu'au garage, qu'il s'intéresse lui aussi aux arts, qu'il visite des musées et des expositions et propose des critiques d'art aux journaux[6]. Son intérêt l'a déjà conduit, comme Apollinaire, au musée d'Ethnographie du Trocadéro et à sa bibliothèque, installés dans un bâtiment hérité de l'Exposition universelle de 1878 dominant la colline de Chaillot. Il s'agit alors du seul musée de ce genre à Paris. On y trouve des milliers de pièces provenant d'Afrique, mais aussi des deux Amériques, d'Asie et d'Océanie. Guillaume se montre dynamique et passionné et séduit Apollinaire, qui lui promet de le revoir et de le mettre en relation avec les milieux artistiques qu'il côtoie. Pour le jeune homme, c'est la première des trois rencontres capitales de sa vie.

Apollinaire est l'un des êtres les plus fascinants et les plus originaux que pouvait espérer rencontrer le jeune Guillaume. Rempli de curiosité, il aime plus que tout partager ses passions. Le poète est né en 1880 d'une mère issue de la petite noblesse polonaise de l'Empire russe et a pour véritable nom Guillaume Albert Vladimir Alexandre Apollinaire de Kostrowitzky. Il est arrivé dans la région parisienne en 1900 avec sa mère et son frère, et la capitale française est devenue le terrain de ses multiples découvertes. S'il vit chichement de sa plume et d'expédients, Apollinaire est au cœur de multiples mouvements artistiques et littéraires. Il explore insatiablement les musées, les Salons, les galeries d'art, et dévore les livres et journaux. Il rencontre les peintres Derain et Vlaminck en 1904, puis fait la connaissance de Picasso et d'Henri Matisse, au sujet desquels il publie des articles importants, respectivement en 1905 et 1907. Une amitié rare et de profonds échanges intellectuels et artistiques le lient à Picasso. Apollinaire rencontre d'autres artistes dans les ateliers du Bateau-Lavoir à Montmartre, ainsi que le poète Max Jacob. Après plusieurs chroniques, articles et critiques publiés dans des journaux, il obtient en février 1910 la rubrique de la critique d'art dans le quotidien du soir *L'Intransigeant*. Il se fond sans peine dans les milieux cosmopolites qui attirent les artistes et écrivains de toute l'Europe et même des États-Unis, à Montmartre ou bien à Montparnasse. Il soutient aussi de sa plume un mouvement pictural qui s'épanouit notamment chez Georges Braque et Picasso, sous l'égide du marchand allemand établi à Paris Daniel-Henry Kahnweiler, et qu'il nomme le « cubisme [7] ».

Apollinaire tient sa promesse et envoie à Guillaume son ami Joseph Brummer, sculpteur devenu marchand, l'un des seuls à Paris à commercialiser des objets d'Afrique et d'Océanie. D'origine hongroise, ce dernier s'installe à Paris avec ses frères Imre et Ernest en 1905. Ils ouvrent une galerie boulevard Raspail où ils vendent des objets africains et océaniens, des estampes japonaises et de l'art précolombien, ainsi que des peintures du Douanier Rousseau, tant prisées des artistes de l'avant-garde, et des sculptures contemporaines. Brummer se forme à la sculpture, notamment auprès de Matisse et d'Auguste Rodin, devenu l'un de ses clients. Guillaume sait retenir son attention et devient son courtier pour la vente de tableaux ou d'objets. Apollinaire envoie aussi à Guillaume le marchand et critique Adolphe Basler, qui vend des œuvres du peintre Moïse Kisling. Il parle enfin de sa nouvelle connaissance à Max Jacob [8]. Guillaume entre donc dans le cercle des amis et relations artistiques d'Apollinaire. Le jeune homme suit son mentor dans les cafés de Montmartre et de la place Blanche, affine sa curiosité et entre dans le cœur battant de l'art moderne.

Il fait aussi la connaissance de Marie Laurencin, qui partage depuis 1907 la vie d'Apollinaire, qu'elle a rencontré grâce à Picasso et intégré dans son propre cercle artistique cosmopolite. La jeune femme est peintre, formée auprès de divers artistes et à l'Académie Humbert, avec pour condisciples Braque et Francis Picabia. Son ancien amant et courtier Henri-Pierre Roché lui a fait rencontrer la collectionneuse américaine Gertrude Stein, établie à Paris, et lui permet de vendre des toiles au couturier et collectionneur Jacques Doucet. Elle expose à Paris, mais aussi en Allemagne [9].

En ce début d'année 1911, Guillaume voit Apollinaire commenter le vingt-septième Salon des Indépendants qui, la salle 41 rassemble notamment des toiles de Jean Metzinger, Robert Delaunay, Albert Gleizes, Marie Laurencin et Fernand Léger, apparaît comme la première manifestation publique et collective de la

Attribué à Paul Guillaume, *Max Jacob en 1915 dans la cour de sa maison rue Gabrielle*, photographie publiée dans *Les Arts à Paris*, nº 9, avril 1924. Paris, musée de l'Orangerie.

Attribué à Max Jacob, *Paul Guillaume dans la cour de la maison de Max Jacob rue Gabrielle*, 1915. Photographie. Paris, musée de l'Orangerie, fonds Alain Bouret.

peinture cubiste. Apollinaire publie en avril dans le *Mercure de France* une chronique sur « Quelques artistes au travail » comprenant des portraits de Matisse et de Picasso. Il compose également plusieurs poèmes sur la peinture du Douanier Rousseau. Mais une grave méprise le conduit quelques jours en prison à la fin de l'été, lorsqu'il est accusé à tort d'avoir dérobé trois sculptures ibériques au musée du Louvre en 1907, malgré plusieurs pétitions en sa faveur. Aucune ne porte la signature de Guillaume.

L'année 1912 s'ouvre pour l'art moderne sur deux événements que le jeune homme suit certainement de près. Le premier est le lancement, le 1er février, de la revue mensuelle *Les Soirées de Paris* fondée par Apollinaire avec quatre de ses amis. Elle se veut un support de l'avant-garde mais se concentre tout d'abord sur le terrain littéraire, tout en incluant des critiques d'art. Le second événement, le 5 février, est l'ouverture de la première exposition des futuristes italiens à la galerie Bernheim-Jeune, au 15, rue Richepanse. Félix Fénéon, directeur de la section de peinture moderne de la galerie, mais aussi ancien militant anarchiste, leur fait bon accueil. Personnalité inclassable, Fénéon poursuit un parcours singulier. Il a été le rédacteur en chef infatigable de la *Revue blanche*, dont il a fait le point de mire des milieux artistique et littéraire durant les années 1890-1900. Conseillés par leur beau-frère, le peintre suisse Félix Vallotton, les frères Gaston et Josse Bernheim ont fait le pari de l'engager dans leur prestigieuse galerie en 1906. Fénéon y soutient notamment les Nabis et les Fauves et y attache Matisse. Il sait parler aux artistes comme aux collectionneurs et donne à leur marché une ampleur européenne inédite. Fénéon est aussi l'un des premiers à s'intéresser aux arts dits « primitifs » ou « lointains ». Il bâtit peu à peu une superbe collection, bien que son nom soit moins connu dans ce domaine que ceux des artistes qu'il côtoie. Cet intérêt commun le rapproche certainement de Guillaume [10].

Le jeune homme souhaite élargir ses possibilités de se procurer des objets africains. Il se signale aux employés de l'administration coloniale par un encart publicitaire dans *La Dépêche coloniale* le 24 mai : « M. Paul Guillaume, délégué du groupe de l'Art libre, 20, rue de Navarin, à Paris, désire entrer en relation avec personnes pouvant lui procurer des Fétiches et Bois sculptés d'Afrique et d'Océanie. » On ne sait pas ce qu'est ce groupe de l'Art libre mais on comprend que Guillaume veut s'afficher de manière plus sérieuse. Il fonde en juillet avec Apollinaire une « Société d'art et d'archéologie nègre », comme il le déclare dans *Les Annales coloniales* le 14 juillet : « À Paris, vieille capitale des Arts, en dehors de toute initiative officielle, quelques jeunes artistes d'avant-garde viennent de constituer un groupement qu'ils ont dénommé bellement "Société d'Art et d'Archéologie Nègre". » Le terme semble être apparu pour la première fois au début de cette année 1912 dans *Comœdia*, principal quotidien culturel de Paris, sous la plume d'André Warnod dans son article « L'art nègre [11] ». Guillaume voit déjà grand et fourmille d'idées auxquelles il essaie de faire de la publicité : « Par des conférences qui seront demandées à des voyageurs, des expositions, probablement la création d'un organe (c'est-à-dire une revue ou un journal) et, si possible, d'un petit musée, elle se propose d'offrir aux érudits, aux intellectuels, aux artistes et au public qui s'intéresse à ce qui se passe hors de chez lui, le spectacle d'une révélation originale. [...] la Société ne pouvait être mieux inspirée qu'en se signalant à Messieurs les agents des affaires indigènes. » En effet, ces employés de l'administration coloniale étudient parfois les contrées où ils séjournent et publient à leur sujet. Mais Guillaume va plus loin : « [La Société] espère pouvoir compter sur leur collaboration. Leurs idées, leurs avis recevront l'avis le plus profondément sympathique. » Il n'espère donc pas seulement attirer des marchandises mais aussi susciter des échanges intellectuels. Cela dresse le programme qu'il mettra en œuvre toute sa vie. Apollinaire détaille enfin l'ambition de cette « Société d'art nègre » dans un article du *Paris-Journal* du 10 septembre : apprécier ces objets pour leur dimension esthétique et non seulement ethnographique [12].

Le siège de la société donne l'adresse du premier domicile connu de Guillaume à l'âge adulte, le 20, rue de Navarin à Paris. Cette rue modeste du 9e arrondissement se situe au sud de Montmartre et à proximité immédiate du quartier de la Nouvelle Athènes. La mère de Paul est alors domiciliée dans le même quartier, au 42, rue Fontaine. Dans la rue

Victor-Massé toute proche, une femme nommée Berthe Weill a ouvert pour la première fois en 1901 une petite galerie pour y montrer l'art de son temps. Elle a été la première à vendre des œuvres de Picasso, et Guillaume l'a certainement rencontrée [13]. Edgar Degas a habité plusieurs années cette même rue Victor-Massé, qu'il quitte justement en 1912, chassé par la spéculation immobilière. Picasso a délaissé le Bateau-Lavoir pour s'établir à proximité, au 11, boulevard de Clichy. L'artiste y a transporté ses objets africains et océaniens, et Apollinaire lui a parlé de Guillaume. Peut-être les a-t-il présentés l'un à l'autre lorsque le jeune homme écrit à Picasso : « Monsieur, j'apprends par Monsieur Apollinaire que vous vous intéressez à mes statues nègres. J'en ai 6 sous la main que je puis vous apporter à domicile à l'heure que vous voudrez bien me fixer de préférence l'après-midi ou le soir [14]. » Cherchant au fil des années à se rapprocher de Picasso, Guillaume s'appuie sur cet intérêt commun, plutôt que sur le commerce de ses œuvres. Le marchand Basler rappellera plus tard au sujet de Guillaume que « Ce n'est pas le cubisme, monopolisé dès avant 1914 par la galerie Kahnweiler, mais la sculpture nègre qui était le grand dada de l'heureux marchand [15] ».

Guillaume est cependant forcé de mettre en veille ses projets, puisqu'il doit faire son service militaire comme tous les Français âgés de 20 ans. Il appartient à la « classe 1911 », et son dossier en donne la description suivante : « cheveux châtains, visage rond et taille d'1 mètre 67 ». Souffrant d'une pathologie des organes génitaux, il est affecté au service auxiliaire pour raisons médicales [16], puis, en tant qu'orphelin de père subvenant aux besoins de sa mère et ses sœurs, il est classé « soutien indispensable de famille » le 4 septembre 1912. Il est toutefois incorporé le 10 octobre. Au mois de mars 1913, il est en poste à Compiègne, où il attend un changement de sa situation [17]. Il est enfin réformé le 27 septembre, toujours pour raisons médicales, et rayé des contrôles le lendemain. Son dossier militaire précise qu'il a été affecté au 131e régiment d'infanterie, basé à Orléans, et au 146e régiment d'infanterie à Toul, mais on ne sait s'il s'y est rendu et à quoi correspond exactement son service auxiliaire. Guillaume déclare la profession suivante : « publiciste marchand de tableaux ».

Est-il de retour à Paris à l'automne 1912 pour visiter l'exposition de la Section d'or, organisée du 10 au 30 octobre par cinq des artistes du « groupe de Puteaux » qui s'intéressent au développement du cubisme, et à laquelle collabore Apollinaire ? Elle a lieu dans un ancien magasin de meubles rebaptisé « galerie La Boétie », situé au 64 bis, rue La Boétie dans le 8e arrondissement. Le groupe de Puteaux, constitué l'année précédente, réunit des peintres, sculpteurs, musiciens et écrivains chez Gleizes à Courbevoie et dans l'atelier de Jacques Villon, frère aîné de Marcel Duchamp, à Puteaux. La réflexion consiste notamment à se démarquer du cubisme de Braque et de Picasso, qui figurent quant à eux parmi les artistes désignés par le terme resté fameux d'« écurie Kahnweiler ». L'exposition de la Section d'or, qui présente plus de trente artistes, sans jury ni comité, veut faire concurrence au Salon d'Automne. C'est également une réponse à l'exposition futuriste de la galerie Bernheim-Jeune [18].

Libéré de ses obligations militaires au printemps 1913, Guillaume retrouve souvent son mentor au nouveau domicile de ce dernier, sous les toits d'un immeuble ancien au 202, boulevard Saint-Germain. Le jeune homme découvre l'antre du poète, à l'atmosphère insolite et très personnelle, tapissé de livres, d'œuvres de ses amis artistes et d'objets africains. Il lui demande son avis sur des œuvres et des « statuettes nègres » à vendre, et structure encore ses idées. Il lit les deux livres les plus récents d'Apollinaire, *Les Peintres cubistes. Méditations esthétiques* et, dans un genre différent, *La Rome des Borgia*. Le premier rassemble certains textes des *Soirées de Paris* et donne un éclairage critique sur la naissance du mouvement cubiste et son développement. Il est illustré de cinq portraits photographiques d'artistes et de quarante reproductions d'œuvres [19].

Guillaume cherche un travail et entre au service du décorateur André Groult, qui a épousé Marie Nicole Poiret, l'une des sœurs du célèbre couturier Paul Poiret. Le couple habite au-dessus de la galerie du décorateur, au 31, rue d'Anjou dans le 8e arrondissement. Peut-être Guillaume a-t-il connu Groult grâce à Marie Laurencin, très proche de sa femme Nicole. Il pénètre alors dans de nouvelles sphères du monde du luxe, au goût exceptionnellement raffiné. Il travaille sans doute plutôt comme agent commercial ou de publicité que comme créateur. Groult a exposé à deux reprises ses créations durant l'année 1912, à la Société des artistes décorateurs puis au Salon d'Automne. Ses ensembles associant papiers peints et mobilier séduisent une clientèle exigeante. Les proportions étudiées et les lignes de ses meubles, héritées des différents styles du XVIIIe siècle, sont ponctuées de couleurs influencées par les décors et les costumes des Ballets russes. Groult est le « plus caractéristique des "meubliers coloristes" [20] ».

Durant ce temps passé chez le décorateur, Guillaume fait certainement la connaissance de son beau-frère Paul Poiret. Les deux hommes resteront liés toute leur vie. Poiret a commencé comme dessinateur dans la maison de couture de Jacques Doucet avant de travailler chez Worth, puis de lancer sa propre maison en 1903. Ses robes ne nécessitant pas le port du corset deviennent immédiatement reconnaissables. En 1910, il acquiert un hôtel particulier du XVIIIe siècle, proche du rond-point des Champs-Élysées, décoré par Louis Süe. Il y organise des fêtes somptueuses, relatées dans la presse, ainsi que dans son pavillon de la Celle-Saint-Cloud, où se presse le Tout-Paris revêtu de ses créations. Poiret est un homme fin et cultivé, qui rêve aussi d'organiser des expositions. Au fond de la cour de son hôtel particulier se trouve un pavillon qu'il loue en 1910 à Henri Barbazanges, qui y ouvre une galerie à son propre nom donnant sur le 109, rue du Faubourg-Saint-Honoré. La galerie est aussi appelée le « Salon d'Antin », en référence à son autre entrée côté jardin de l'hôtel particulier situé dans l'avenue du même nom[21]. Barbazanges mais aussi Poiret lui-même y présentent deux expositions par an. Robert Delaunay et Marie Laurencin y ont été exposés en 1912.

Parallèlement à son travail, Guillaume fonde une « Société des mélanophiles », autrement dit des « amis des Noirs ». Apollinaire en fait sans doute partie et y attire le Mexicain Marius de Zayas et l'Italien Alberto Savinio, frère du peintre Giorgio de Chirico. Zayas, talentueux caricaturiste installé aux États-Unis, est l'associé du photographe américain Alfred Stieglitz qui a ouvert une galerie au 291 Fifth Avenue à New York. Il séjourne en Europe à plusieurs reprises pour y développer leurs affaires et se lie avec Apollinaire, Picabia et Picasso. Il voit en Guillaume, avec justesse, « un marchand d'art modeste mais ambitieux. Il était aussi collectionneur, ou plutôt importateur, d'art nègre[22]. » Quant aux frères Alberto Savinio et Giorgio de Chirico, ils sont arrivés en France avec leur mère en 1911 et Chirico a rencontré Apollinaire au printemps 1913[23]. Savinio prononce pour la société une conférence sur la « statuaire nègre » enregistrée sur disque Pathé et diffusée ensuite à New York sur gramophone[24]. Guillaume signe pour cette société plusieurs courriers sous le pseudonyme de Guy Romain. Au-delà des réflexions intellectuelles, il espère trouver des objets et furète à l'hôtel Drouot, tout en continuant à publier des encarts publicitaires, comme dans *L'Almanach du marsouin* : « Avez-vous des Fétiches nègres ? » On voit qu'il a déjà des idées précises sur les œuvres et leurs sources, puisqu'il recherche « des anciennes statuettes-idoles, des masques et vieux bois sculptés en général des indigènes d'Afrique (Côte d'Ivoire, Guinée, Congo, Soudan, Madagascar) et d'Océanie. Correspondants demandés sur place dans ces colonies pour recueillir les fétiches. Occupation intéressante et rémunératrice pour Messieurs les coloniaux. Faites-en part à vos Camarades [25] ! »

Giorgio de Chirico organise en octobre sa première exposition personnelle dans son atelier du 115, rue Notre-Dame-des-Champs, où il présente ses œuvres de 1909 à 1913. Apollinaire, dans les *Soirées de Paris* de novembre, qualifie ses toiles de « paysages métaphysiques », terme destiné à faire date. La revue, dont la parution s'était interrompue en juin, est relancée avec une nouvelle maquette et des illustrations. Apollinaire en assure la direction et son ami russe le comte Serguei Yastrebzov, dit Serge Férat, le financement. Apollinaire l'oriente davantage vers les débats artistiques de l'avant-garde, ouverte à un public européen. Guillaume est-il impatient de jouer un rôle dans la revue, ou bien Apollinaire pense-t-il à lui en premier [26] ? Le poète propose au jeune homme de se charger de la publicité de la publication. Mais Guillaume voit plus loin : il souhaite ouvrir sa propre galerie. Il a d'ailleurs demandé un congé à Groult afin de chercher un local où exposer. C'est peut-être à la fin du mois de novembre ou au début du mois de décembre que, dans cette perspective, Apollinaire le met en contact avec Chirico. Guillaume sympathise toujours plus avec Savinio, lui-même artiste aux multiples talents : peintre, écrivain, compositeur, et musicien [27].

C'est par une lettre du 13 janvier 1914 que Guillaume annonce à Apollinaire la concrétisation de son projet. Cela le pousse à renoncer à la gestion de la publicité des *Soirées de Paris*, dont il s'est par ailleurs peu occupé : « Je crois vous avoir parlé de mon projet de créer un magasin de tableaux modernes – projet d'ailleurs encouragé par vous. Le voici tout près de sa réalisation. Je vais ouvrir dans quelques jours ma petite Galerie Rue de Miromesnil, tout près de la place Beauvau [28]. » Guillaume promet à Apollinaire de ne pas oublier la revue et le prie de présenter ses excuses à Serge Férat. L'ouverture de la galerie est prévue pour le 6 février. L'ambitieux jeune homme a réussi à trouver un petit espace dans le prestigieux 8e arrondissement de Paris, dans le quartier des galeries et des hôtels de vente. Il fait imprimer un papier portant l'en-tête « 6, rue de Miromesnil – Près L'Élysée – Paris » avec la mention « Peinture, Sculpture, Gravure des meilleurs artistes contemporains ». Cherchant à rassembler des œuvres, il écrit fin janvier au sculpteur Antoine Bourdelle, à qui il vante sa « galerie d'un genre très moderne où [il se] propose de [s]'occuper activement des artistes [29] ».

Guillaume souhaite également doter sa galerie d'une affiche. Plusieurs projets sont envisagés pour l'ouverture, dont un de Giorgio de Chirico et deux dessinés à la gouache et à l'aquarelle par Madeleine Berly [30]. Cette dernière, âgée de seulement 18 ans, est la fille de Maurice de Vlaminck – elle a cependant pris le nom de sa mère Suzanne Berly. Guillaume envisage d'exposer ses œuvres et elle propose deux projets montrant des bustes de femmes maquillées et chapeautées aux vêtements colorés, portant chacun les mentions « Galerie Paul Guillaume » et « Peinture nouvelle ». Cette expression « peinture nouvelle » a-t-elle été suggérée par Apollinaire et Chirico, qui souhaitent marquer une différence entre peinture moderne et peinture nouvelle ? Mais c'est le spectaculaire projet de Chirico, aux éclairages contrastés et à l'esthétique métaphysique totalement différent, qui est retenu. S'il est bien destiné à l'ouverture de la galerie et peut donc être daté de janvier ou février 1914, il montre un cheval doté d'œillères galopant devant une place à arcades, une silhouette identique à celle visible sur une étude au crayon d'août 1913 reprise dans un dessin à la plume intitulé *L'Énigme du cheval*[31].

Guillaume ouvre donc sa galerie avec une exposition de « peinture nouvelle » et montre des œuvres de Francis Picabia, Giorgio de Chirico, Pierre Roy, Robert Lotiron et Madeleine Berly, aux côtés de quelques objets africains. Il achète pour 10 francs des encarts dans *Les Soirées de Paris* afin de faire connaître sa galerie et prend la revue en dépôt à partir du mois de mars afin de la vendre, ce qui ne lui coûte rien et amplifie sa publicité. L'enchaînement de ces événements permet de mieux cerner le caractère de Guillaume, qui, désireux d'aller toujours plus loin et plus vite, n'hésite pas à abandonner des projets et à en échafauder d'autres secrètement, ainsi qu'à devancer avec désinvolture les personnes qui l'ont aidé. C'est un tournant dans sa vie, mais on y découvre une oscillation fondamentale entre son amitié réelle et son ambition – certes visionnaire –, qui sera chez lui constante et lui jouera des tours. La galerie attire dès les premiers jours des proches d'Apollinaire, beau joueur, et le critique Louis Vauxcelles.

Le jeune marchand se fait photographier dans sa galerie, où il se met en scène. Soigneusement coiffé, la moustache bien taillée, habillé d'un costume avec pochette et cravate, il prend la pose et écrit à son bureau. On découvre sur cette photographie la relative nudité de la galerie et l'éclectisme déroutant des rares œuvres présentées : petite toile dans un cadre doré néorococo, estampe japonaise dessinée par l'artiste Eishi, statuettes africaines sénoufo provenant de Côte d'Ivoire, dont une statue baoulé qu'il vendra plus tard à Albert Barnes et la statuette reproduite dans *L'Almanach du marsouin* [32]. Une description de Savinio le confirme : « La galerie Paul-Guillaume était petite et grise. Peu de peintures, et de maigre valeur, rompaient la monotonie des murs tapissés de toile de jute [33]. » Guillaume fait feu de tout bois pour faire vivre la galerie. Apollinaire lui confie par exemple le 9 mars trois lithographies de Toulouse-Lautrec, à vendre 50 francs chacune, et une lithographie de Degas, *Programme de fête*, à vendre 100 francs. Guillaume lui écrit quelques semaines plus tard qu'il « cherche toujours un bronze de Rodin [34] ».

Anonyme, *Paul Guillaume à son bureau, 6, rue de Miromesnil*, vers 1914. Photographie. Paris, musée de l'Orangerie, fonds Alain Bouret.

La nouvelle galerie suscite la curiosité de collectionneurs cosmopolites épris d'art moderne. Guillaume reçoit en mars la visite de « Monsieur Riabouchinski ». Il s'agit probablement de Nikolaï Pavlovitch Riabouchinski, l'un des frères issus d'une riche famille d'industriels moscovites, constructeurs d'automobiles et banquiers. Nikolaï a fondé en 1906 une revue appelée *Zolotoe Runo. La Toison d'or* et organisé en 1907 une exposition de quinze artistes peintres et sculpteurs de tendance symboliste russes, dont le titre « La rose bleue » a donné son nom au mouvement artistique représenté [35]. Les très grands collectionneurs russes d'art impressionniste et moderne français, également amateurs d'objets africains, comme Sergueï Chtchoukine et Ivan Morozov, achètent à Paris [36]. Le marché de la peinture très récente ou « moderne » se porte bien dans la capitale française. Une vente du 2 mars 1914 le prouve : la dispersion des œuvres de l'association de collectionneurs La Peau de l'ours, fondée dix ans auparavant par l'industriel André Level, parmi lesquelles des productions importantes de Picasso, de Matisse et des Fauves.

Le 15 mars paraît le numéro 22 des *Soirées de Paris*, illustré de six reproductions de toiles de Picabia, dont deux sont en couleurs. Guillaume souhaite rencontrer l'artiste, dont il présente déjà des tableaux ; c'est chose faite, grâce à Apollinaire, au mois de mai [37]. Au printemps 1914 il revoit également Zayas, de retour en Europe. Les deux hommes discutent de la possibilité d'exposer des objets africains à New York dans la galerie de Stieglitz et Guillaume écrit à ce dernier [38]. C'est l'époque où il propose un contrat commercial plus formel à Chirico [39].

Le 24 mai, Guillaume assiste au récital de piano donné par Savinio dans les locaux des *Soirées de Paris*, chez Serge Férat, boulevard Raspail. Cette manifestation amicale et cosmopolite est destinée à mieux faire connaître la revue et ses artistes aux marchands, collectionneurs, correspondants étrangers, poètes et directeurs de revue. Guillaume y rencontre Natalia

Paul Haviland, *Le Peintre Marius de Zayas*, 1910.
Photographie. Paris, musée d'Orsay.

Gontcharova qui vient de réaliser les décors et les costumes de la dernière production des Ballets russes de Serge de Diaghilev, *Le Coq d'or*, au Théâtre du Châtelet. Le jeune homme se laisse convaincre par Apollinaire, qui a vu le ballet quelques jours auparavant, d'exposer des œuvres de cette artiste. L'affaire est rondement menée, et la manifestation prévue quelques semaines plus tard. Le 11 juin, Natalia Gontcharova, qui n'en est pas à son coup d'essai, négocie fermement son contrat avec le marchand et insiste pour que son compagnon Mikhaïl Larionov soit exposé également [40]. Le travail des deux artistes, qui ont fait partie de plusieurs associations artistiques en Russie, reflète le néoprimitivisme ou la modernité la plus éclatante et s'inscrit dans un courant qu'Apollinaire a baptisé « rayonnisme ». Gontcharova a déjà exposé, de façon collective ou personnelle, à Paris en 1906 puis à Munich, Berlin, Moscou et Saint-Pétersbourg, et avec Larionov en cette année 1914, quelques semaines auparavant, au Salon des Indépendants à Paris.

L'exposition « Larionov Gontcharova » se tient chez Guillaume du 18 au 30 juin. C'est déjà une consécration pour lui que d'exposer des artistes reconnus de l'avant-garde européenne. Apollinaire écrit la préface du catalogue, le premier de cette jeune galerie. L'exposition est annoncée dans le numéro 25 des *Soirées de Paris*, qui paraît le 15 juin, juste avant l'ouverture. Les deux artistes rassemblent plus de quatre-vingts peintures, trente lithographies et dix dessins. Deux vernissages sont nécessaires, les mercredis 17 et 24 juin, pour exposer deux ensembles différents, ce qui contribue aussi à amplifier la publicité autour de l'exposition [41]. Tout cela permet d'augurer un beau développement. Entre-temps, Guillaume a quitté la rue de Navarin ; il habite en mai 16, rue Ganneron, près de la place de Clichy, puis en juillet 5, place Constantin-Pecqueur, derrière la butte de Montmartre, dans un deux-pièces situé au rez-de-chaussée où il reçoit Savinio et « José de Zayas » – s'agit-il de Marius ou de son frère Georges, également caricaturiste ? Les invités y entrent par la fenêtre et reçoivent un repas froid [42].

Chapitre 2

De l'avenue de Villiers
au Faubourg-Saint-Honoré.
La guerre : catastrophe ou opportunité ?
1914-1917

La mobilisation générale de l'armée française à partir du 2 août 1914 puis la déclaration de guerre de l'Allemagne à la France le lendemain viennent bouleverser tous les plans de Guillaume. En effet, la situation politique entraîne l'éclatement de la communauté artistique de Paris. Artistes et critiques sont mobilisés, les Salons ferment, les réunions publiques sont interdites. Parmi les appelés au front se trouvent les peintres Braque et Derain. Qu'en est-il des étrangers ? L'Italie et l'Espagne restant neutres, ni les frères Chirico ni Picasso ne sont mobilisés. Apollinaire serait mobilisable en Russie, mais il préfère s'engager dans l'armée française, ce qui sonne le glas de la parution des *Soirées de Paris*. Natalia Gontcharova et Mikhaïl Larionov regagnent la Russie, où Larionov est mobilisé. Les ressortissants des empires allemand et austro-hongrois épris de la France se retrouvent quant à eux avec stupéfaction dans l'autre camp. Ils doivent quitter précipitamment leur pays d'élection sous peine d'être internés. Joseph Brummer ferme la boutique familiale et part retrouver son frère Imre à New York où ils ouvrent une nouvelle galerie. La situation la plus étonnante est celle de Marie Laurencin, qui vient d'épouser un artiste allemand francophile et que la déclaration de guerre surprend en voyage de noces près de la frontière espagnole. Elle est déchue de sa nationalité française. Le couple passe toute la guerre en Espagne où il retrouve les Delaunay en exil.

En France, les biens appartenant aux citoyens des pays ennemis sont mis sous séquestre. C'est le cas pour le marchand Kahnweiler. Surpris par la déclaration de guerre à Rome, il refuse de porter les armes contre la France et de retourner en Allemagne, où il est considéré comme déserteur. Il se réfugie en Suisse. Sa galerie et son stock sont mis sous séquestre, ainsi que l'appartement de Marie Laurencin. Les soucis surviennent aussi de l'autre côté du Rhin, où dix-neuf toiles de Matisse sont exposées depuis la mi-juillet à la galerie Gurlitt à Berlin, prêtées par Michael Stein, frère de Gertrude, et sa femme Sarah. L'exposition ferme prématurément et le couple n'ose pas rapatrier ses œuvres [43].

En cet été 1914, tout le monde croit que la guerre sera courte, mais les temps sont incertains. Marius de Zayas quitte Paris pour New York avec quinze sculptures du Gabon et de Côte d'Ivoire que lui a confiées Guillaume à l'intention de la galerie du 291 Fifth

Avenue. Selon un critique, elles auraient été demandées par le musée de Saint-Pétersbourg, mais c'est Zayas qui les obtient [44]. Elles sont présentées à la Galerie 291 du 3 novembre au 8 décembre sous le titre « Statuary in Wood by African Savages: The Root of Modern Art ». Zayas considère l'exposition comme « la première jamais faite présentant la sculpture nègre en tant qu'art ». Stieglitz acquiert neuf des œuvres exposées et les emploiera dans nombre de ses photographies [45]. Guillaume parviendra à expédier des objets à Zayas durant tout le conflit et jusqu'en 1919. La guerre qui s'éternise provoquera peu à peu le déplacement de Paris à New York du marché de l'art moderne, simultanément à celui des objets africains [46]. Trois semaines après le déclenchement du conflit, l'armée allemande se rapproche de la capitale française. Guillaume fuit avec les frères Chirico et leur mère en Normandie et regagne Paris avec eux le 15 septembre [47]. Le marchand d'art cherche à s'engager ou à clarifier sa situation militaire, mais il est de nouveau réformé le 23 octobre 1914 [48].

Guillaume est installé en février 1915 au 36 bis, rue Jouffroy dans le 17e arrondissement. Durant les premiers mois de l'année, Chirico réalise deux portraits de son marchand. Le premier, sur fond bleu, montre le jeune homme en buste, élégamment vêtu d'un costume sombre. Il est appuyé sur sa main droite, de trois quarts, le regard levé vers le ciel, et dépeint avec une grande précision, selon la formule reprise au Quattrocento. Le second, plus réduit et plus introspectif, le montre sur un fond vert plus

Alfred Stieglitz, *Figure de reliquaire « Ogooué-Congo » de la collection de Paul Guillaume puis d'Alfred Stieglitz*, couverture de la revue *291*, New York, nº 12, février 1916. Paris, musée d'Orsay. L'une des œuvres africaines de Paul Guillaume importées à New York par Marius de Zayas et achetées par Stieglitz.

sombre, les épaules étrangement dénudées. Il fixe cette fois le spectateur d'un air interrogateur. Le nom du modèle est chaque fois signalé par l'artiste sur la toile. Chirico croque aussi son marchand dans un dessin pris sur le vif, dédicacé au « pâle et métaphysicisant mécène », le montrant de profil, les yeux baissés [49]. Grâce à lui, Guillaume trouve en février l'adresse à laquelle écrire à Apollinaire au front ; il se fait ensuite l'intermédiaire entre le poète et l'artiste. Mais les choses se précipitent pour Chirico et Savinio, car le royaume d'Italie entre en guerre aux côtés des Alliés le 24 mai 1915. Ils décident de s'y rendre pour répondre à la mobilisation et quittent Paris le 27 mai [50].

Les deux frères partis, Guillaume se trouve isolé et ses affaires sont au plus bas. Il doit gagner sa vie, ferme sa galerie et entre dans une banque à la fin du mois de mai. La guerre se prolonge et il songe avec ambition pendant l'été que le départ des marchands étrangers de Paris lui offre la possibilité de se substituer à eux. Il échange ses réflexions avec Apollinaire : peut-il attirer des artistes de Kahnweiler comme Picasso, Derain, Vlaminck ? Le poète le prévient que ces derniers étaient bien rémunérés et qu'il faudrait pour Picasso « une cinquantaine de mille francs par an ». Il lui suggère d'approcher Braque, qui, gravement blessé, est en convalescence [51]. Guillaume est un peu découragé et pense alors à Amedeo Modigliani, Kisling, Léger et Diego Rivera. Quant à Picasso, selon lui, « il fait le paon et ma foi, il a raison puisqu'il a les plumes pour le faire ». Apollinaire l'encourage à

Giorgio de Chirico, *Portrait de Paul Guillaume*, sans date. Plume, mine de plomb, crayon de couleur bleu, dédicacé : « Au pâle et métaphysicisant mécène ». Paris, musée de l'Orangerie, fonds Alain Bouret.

approcher ces artistes ainsi que Metzinger, Juan Gris, Maurice Utrillo, et à rechercher les peintures du défunt Douanier Rousseau, car Picasso « ira sans doute chez Bernheim avec Derain [...] Braque et même Léger [52] ». Ces échanges restent parmi les plus précieux de l'histoire de l'art moderne.

Guillaume rouvre le 1er octobre 1915 sa galerie, où il présente de la « peinture nouvelle et ses curieuses sculptures nègres [53] ». C'est sans doute à la fin de l'été ou à l'automne qu'il prend Modigliani sous son aile. Arrivé d'Italie à Paris en 1906, celui-ci est peintre et sculpteur, et déjà une légende parmi les artistes de Montmartre et de Montparnasse. Son art reflète l'influence de Cézanne, du cubisme et des statues africaines. À l'époque de leur rapprochement, l'artiste abandonne peu à peu la sculpture pour revenir à la peinture car il souffre de problèmes pulmonaires qui s'aggravent au contact de la poussière des pierres calcaires. D'autres raisons expliquent peut-être cette évolution dont Guillaume se prétendra plus tard le moteur. En effet, retourné momentanément en Italie en 1913, Modigliani aurait montré des photos de ses sculptures à d'anciens camarades artistes qui se seraient moqués de lui. Les pierres coûtent cher également, et nécessitent de l'espace pour être travaillées. Modigliani a voulu s'engager en 1914, mais ses problèmes de santé l'en ont empêché. Il est seul et instable, privé de son principal soutien, le docteur Paul Alexandre, qui est mobilisé. Guillaume lui loue un atelier au 13, rue Ravignan, près du Bateau-Lavoir. Les deux hommes s'y photographient mutuellement en 1915. L'artiste porte son costume de velours épais caractéristique. Le marchand est vêtu d'un élégant costume et porte un chapeau. On reconnaît parmi les toiles de Modigliani un portrait de sa maîtresse Beatrice Hastings, poétesse britannique. Guillaume retrouve Max Jacob, voisin de la rue Ravignan, pour une autre séance de photographie. Jacob dira plus tard lui avoir tiré l'horoscope durant la guerre et lui avoir prédit la fortune.

Modigliani multiplie les nus et les portraits depuis plusieurs mois. Il peint quatre portraits de Guillaume en 1915 et 1916. Deux d'entre eux le montrent en costume et chapeau, vêtu comme sur les photographies, dans des poses décontractées. Sur le premier, de 1915, Guillaume a une main dans une poche, l'autre tenant une cigarette. L'artiste y appose sa vision du marchand : le « Novo Pilota », le pilote de l'art moderne. L'autre le montre accoudé [54]. Deux autres portraits figurent Guillaume en chemise et tête nue. Le premier le représente peut-être chez lui, dans un intérieur, devant une bibliothèque. Le second porte encore le nom du marchand disposé en arc de cercle au-dessus de sa tête, telle une arche [55]. Modigliani prépare ces portraits par des dessins [56]. Dès la fin de l'été ou l'automne 1915, Guillaume expédie des toiles, dessins et sculptures de l'artiste à Zayas, ainsi que des œuvres de Chirico et de nouvelles pièces africaines. Ce sont les premières œuvres de Modigliani arrivées aux États-Unis. Zayas, qui s'est séparé de Stieglitz, ouvre son propre espace à New York, la Modern Gallery, le 7 octobre. Il y montre

Attribué à Paul Guillaume, *Modigliani en 1915 dans son atelier de la rue Ravignan*, photographie publiée dans *Les Arts à Paris*, n° 9, avril 1924. Paris, musée de l'Orangerie.

Attribué à Amedeo Modigliani, *Paul Guillaume dans l'atelier de Modigliani, 13, rue Ravignan*, 1915. Photographie. Paris, musée de l'Orangerie, fonds Alain Bouret.

l'art moderne le plus avancé, mais aussi de l'art mexicain d'avant la conquête hispanique, des photographies et des œuvres africaines de Guillaume [57]. Il y présente encore en décembre des objets africains, avec, pour la première fois aux États-Unis, onze œuvres cubistes de Picasso des années 1912-1915 [58].

Le marché de l'art reprend dans la capitale française avec la présentation en décembre 1915, dans la maison de couture de Germaine Bongard, une autre sœur de Poiret, au 5, rue de Penthièvre, de toiles de Picasso, Matisse, Kisling, Derain, Léger, Severini et Modigliani. Guillaume achète un encart dans *La Gazette de l'hôtel Drouot* du 8 janvier 1916 pour annoncer la reprise de ses activités. Il s'installe à la fin du mois dans un appartement au 16 de l'avenue de Villiers, dans le 17e arrondissement, pour en faire son logement et son local professionnel [59]. Il y résidera jusqu'à la fin de l'année 1923. Composé de trois pièces, l'appartement se situe au cinquième étage et bénéficie d'un balcon filant donnant sur la rue de la Terrasse. Grâce à Max Jacob, Guillaume entend parler d'un groupement d'artistes se réunissant à Zurich dans une taverne rebaptisée le Cabaret Voltaire et entre en contact épistolaire avec l'un d'eux, le Roumain Tristan Tzara, en mars : « Je compte diriger prochainement une revue avancée à Paris, et je penserez [*sic*] à vous et à vos amis. Je m'occupe aussi beaucoup de peinture ; j'en fais et je défends et soutiens quelques amis. Connaissez-vous en Suisse des gens ou une galerie active avec qui on puisse utilement entrer en relations. Il faut beaucoup de solidarité pour sauver le jeune mouvement du malentendu et le diversifier. Je suis à votre disposition si je puis vous être utile ici. Je suis en contact permanent avec toutes les personnalités du monde moderne. » Tzara lui envoie des adresses de galeries. Guillaume lui réécrit en lui assurant qu'il fera « quelque chose » pour la revue du mouvement Dada. Il donne à Tzara l'adresse de Savinio à Ferrare et lui envoie des photographies d'œuvres de Chirico et d'un objet africain. Il conclut ainsi : « Si vous faites une chose qui ne crée pas de nervosité – étant donné la situation du moment – j'espère pouvoir vous faire faire quelques bonnes relations aux États-Unis et ici. » Guillaume essaie de se placer dans cette nouvelle aventure et de trouver des débouchés en Suisse, restée à l'écart du conflit, où les ressources monétaires sont encore disponibles. Il incite aussi Tzara à la prudence. En effet, celui-ci et ses amis antimilitaristes ont sciemment échappé au front et leur installation en Suisse, pays neutre, ne doit rien au hasard. Plusieurs des protagonistes du mouvement sont originaires d'Allemagne ou d'Europe centrale, ce qui ne peut qu'exacerber le sentiment antiallemand en France. Les États-Unis, en revanche, ne sont pas encore entrés en guerre.

Entre-temps, Guillaume apprend qu'Apollinaire a été blessé à la tête à la mi-mars 1916 et cherche à avoir de ses nouvelles. Le poète est bientôt soigné à Paris, à l'hôpital italien du 41, quai d'Orsay. Guillaume le revoit après plus de dix-huit mois d'absence. Apollinaire, à l'occasion de ses premières autorisations de sortie, fin avril, lui rend visite avenue de Villiers. Le marchand lui parle du mouvement Dada, mais Apollinaire reste circonspect [60]. Celui-ci doit être trépané afin d'amoindrir les effets secondaires de sa blessure et l'opération a lieu le 9 mai, cette fois dans une annexe du Val-de-Grâce à Auteuil. Renvoyé à l'hôpital italien, il y reçoit Guillaume qui le photographie dans son lit, le visage émacié et la tête bandée [61]. Apollinaire réalise des aquarelles durant sa convalescence et en offre au marchand. Ce dernier les fera relier plus tard avec un exemplaire d'*Alcools*, recueil de poèmes d'Apollinaire, et une page de sa main [62].

Le poète, en compagnie d'Adolphe Basler, retourne durant l'été chez Guillaume, qui le prend à nouveau en photo. Il dédicace l'un des tirages à André Breton, jeune poète qui brûlait de le connaître [63]. Le marchand se fait lui-même photographier avenue de Villiers à plusieurs reprises. Ces clichés donnent une idée de son appartement en 1916 et 1917, et des œuvres qu'il vend [64]. Seule une des trois pièces, meublée de chaises et de larges fauteuils en rotin, semble recevoir des visiteurs et regorge littéralement de toiles. Guillaume accroche des tableaux aux murs et en entasse d'autres sur le sol, contre des cadres vides. On reconnaît des travaux d'Utrillo et de nombreuses œuvres de Modigliani, dont des portraits de Beatrice Hastings et d'autres représentant Kisling et Rivera, et *La Jolie Ménagère*. On y voit aussi des œuvres métaphysiques de Giorgio de Chirico, dont *Les Jouets du prince*, *Les Jouets défendus* et *L'Arrivée*, que l'artiste parvient à expédier depuis l'Italie. Selon les périodes,

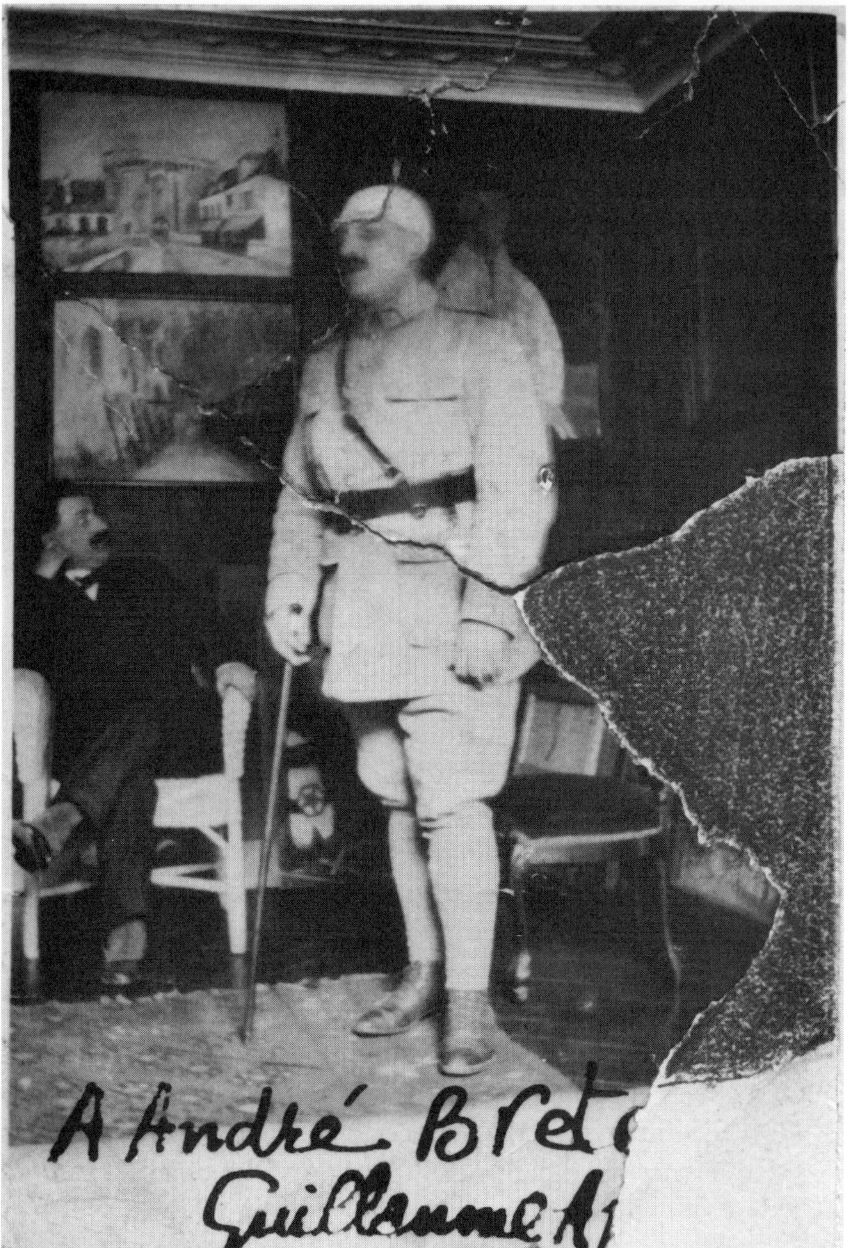

Anonyme, *Guillaume Apollinaire et Adolphe Basler chez Paul Guillaume, 16, avenue de Villiers, avec des œuvres de Chirico, Modigliani et Soutine*, août 1916. Photographie peut-être prise par Paul Guillaume, dédicacée par Apollinaire à André Breton. Paris, musée de l'Orangerie.

une cheminée porte des têtes sculptées de Modigliani ou un objet africain. C'est l'antre d'un passionné. Guillaume poursuit son activité de courtier avec audace et essaie de vendre des œuvres de Picasso, tout en proposant encore à ce dernier des pièces africaines [65].

Le marchand envoie du 16 au 31 juillet trois toiles de Chirico et trois autres de Modigliani [66] au Salon d'Antin de Paul Poiret pour l'exposition « L'art moderne en France ». Cinquante-deux artistes français et étrangers y présentent cent soixante-six œuvres. Il s'agit de la plus importante exposition de peintures depuis août 1914. Pour Apollinaire et certains des artistes qui la visitent, la surprise vient de la première présentation au public d'un grand tableau de Picasso, le *Bordel d'Avignon*, rebaptisé *Les Demoiselles d'Avignon* par André Salmon, ami du poète et organisateur de la manifestation. La toile, terminée en 1907, n'a été vue que par les rares visiteurs des ateliers de Picasso et est restée inconnue. La presse la mentionne cependant très peu. La postérité n'y reconnaîtra que plus tard l'une des œuvres fondatrices de toute l'histoire de l'art moderne. À l'automne, toujours en affaires avec Zayas, Guillaume rassemble avec l'aide d'Apollinaire des toiles de Toulouse-Lautrec appartenant au marchand Jos Hessel, des œuvres d'Honoré Daumier, des aquarelles de Constantin Guys et des sculptures africaines qu'il expédie à New York. Zayas les présente dans sa Modern Gallery du 11 février au 10 mars 1917 [67].

Anonyme, *Paul Guillaume chez lui, 16, avenue de Villiers, devant* La Jolie Ménagère *de Modigliani, de 1915, vendue en 1923 à Albert Barnes, et des têtes sculptées de l'artiste sur la cheminée*, vers 1916-1917. Photographie. Paris, musée de l'Orangerie, fonds Alain Bouret.

Les Soirées de Paris ne paraissant plus, Guillaume achète des encarts dans la nouvelle revue d'avant-garde *SIC* de Pierre Albert-Birot en août, septembre et octobre 1916. Il imagine durant l'été organiser chez lui une exposition dédiée à Derain, anciennement sous contrat avec Kahnweiler, qui a déjà exposé dans toute l'Europe mais pas à Paris. Pour cette première exposition personnelle de l'artiste, qui a illustré ses poèmes avant la guerre, Apollinaire compose un dépliant raffiné et ambitieux en guise de catalogue. Le document comporte un texte et un poème de sa plume, ainsi que deux poèmes de Max Jacob, et trois autres respectivement de Blaise Cendrars, Pierre Reverdy, autre soutien du cubisme, et Fernand Divoire. Il contient la mention « Galerie Paul Guillaume. Art moderne et antique » ; Apollinaire surnomme maintenant l'endroit le « Museum ». Guillaume rassemble du 15 au 21 octobre dix peintures, douze aquarelles et quelques dessins et eaux-fortes de Derain. Ce sont des portraits et des natures mortes, quelques scènes mystiques à l'aquarelle. L'artiste est alors mobilisé dans la Somme, et Guillaume et Apollinaire se sont mis en relation avec sa compagne Alice Géry pour obtenir des œuvres. D'autres ont été prêtées par Poiret, qui vient d'être portraituré par Derain [68]. Ce dernier ne peut revenir que quelques heures à Paris, en uniforme, pour assister au vernissage de son exposition. En côtoyant à nouveau Apollinaire, Guillaume s'essaie aux calligrammes, écriture composant un dessin récemment développée par le poète. Il s'essaie avec des talents divers, durant plusieurs années, à des croquis et dessins cubistes, puis à des portraits de ses proches de piètre qualité [69]. Il exposera une fois dans sa vie des natures mortes de meilleure manière.

Guillaume saisit toutes les occasions de prendre part à la vie artistique parisienne. Le peintre genevois Émile Lejeune imagine ainsi de créer une association nommée Lyre et Palette afin d'aider les artistes en leur permettant d'exposer dans son atelier de Montparnasse, 6, rue Huyghens. La première exposition est organisée du 19 novembre au 5 décembre par deux autres peintres, Kisling et Manuel Ortiz de Zárate. Suivant le nom de l'association, on y écoute Satie jouer l'une de ses compositions et l'on y découvre des œuvres des deux organisateurs, un dessin de Matisse, un « Violon » et une « Guitare » de Picasso, et une quinzaine de toiles ainsi que des dessins de Modigliani. Guillaume prête tout ou partie de cet ensemble de Modigliani, dont l'un de ses récents portraits. C'est durant cette soirée que le poète et marchand polonais Léopold Zborowski aurait approché l'artiste, qu'il admire énormément. Guillaume accepte de le lui céder. Il s'est peut-être lassé du caractère très instable de Modigliani et préfère se choisir un intermédiaire avec lui [70].

Mais cette manifestation est aussi l'occasion pour le marchand de présenter un ensemble sans précédent de vingt-cinq sculptures d'Afrique et d'Océanie. « C'est la première fois que l'on expose à Paris, non pour leurs caractères ethniques ou archéologiques, mais pour leur caractère artistique des sculptures

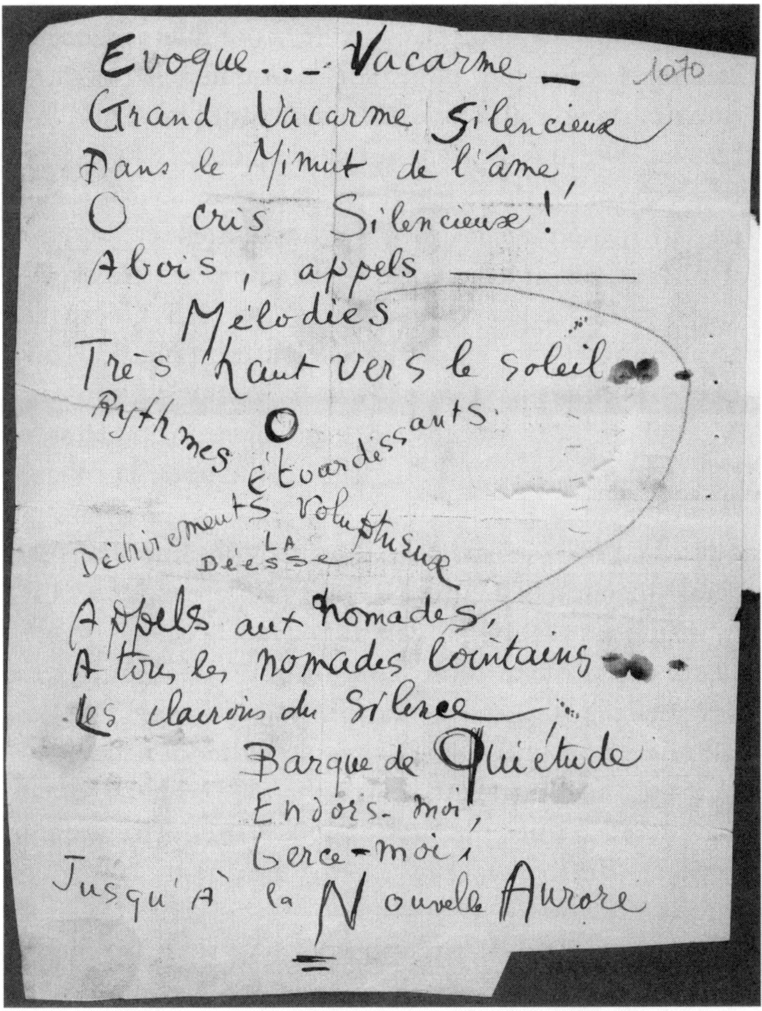
Evoque ... Vacarme — 1070
Grand Vacarme Silencieux
Dans le Minuit de l'âme,
O cris Silencieux !
Abois, appels
Mélodies
Très haut vers le soleil
Rythmes O Étourdissants.
Déchirements voluptueux
LA DÉESSE
Appels aux nomades,
A tous les nomades lointains
Les clairons du Silence
Barque de Quiétude
Endors-moi,
Berce-moi,
Jusqu'à la Nouvelle Aurore

Paul Guillaume, *Calligramme autographe, « Évoque… »*, sans date. Manuscrit. Paris, musée de l'Orangerie, fonds Alain Bouret.

nègres, fétiches d'Afrique ou d'Océanie. Les pièces exposées appartiennent à Monsieur Paul Guillaume, 16 avenue de Villiers », détaille Apollinaire dans le catalogue. C'est plus largement la première fois à Paris que des œuvres africaines et océaniennes sont présentées au côté d'œuvres picturales, en dehors peut-être de l'exposition de la galerie de la rue de Miromesnil en 1914, qui était restée très confidentielle [71].

Les artistes de Dada proposent une première exposition dans la galerie zurichoise de Han Coray et Guillaume envoie en janvier 1917 une toile de Chirico, *Le Mauvais Génie d'un roi*, deux dessins de Modigliani et au moins un objet africain : une statuette baoulé de Côte d'Ivoire. L'affiche de la manifestation annonce « cubistes » et « art nègre », tandis que le Chirico et la statuette sont reproduits dans le catalogue avec la mention « collection et procédé Paul Guillaume ». Cette association avec le mouvement Dada crée contre toute attente pour ce dernier un débouché à long terme en Suisse, non pas dans la vente de tableaux, mais dans le domaine des arts africains puisqu'il devient le marchand de Han Coray, qui lui achète des dizaines de pièces durant plusieurs années, ainsi que, plus tard, d'Eduard von der Heydt [72].

Guillaume achète un encart dans le nouveau mensuel *Carnet des arts* du 1er février 1917, dont Louis Vauxcelles est le rédacteur en chef. La publicité détaille la marchandise dont il dispose : « Galerie Paul Guillaume 16, avenue de Villiers 16 Paris Achète Objets antiques et de fouille de haute époque Grec –

Égyptien – Bouddhique [*sic*] – Gothique Sculptures nègres Tableaux de maîtres des Écoles Modernes les plus avancées. » Tout cela est éclectique, comme chez les frères Brummer avant la guerre. Guillaume vend aussi ce qui peut le faire vivre.

Il met en œuvre son grand projet du début de l'année : la publication avec Apollinaire d'un luxueux album d'œuvres africaines et océaniennes, enrichi de belles reproductions en pleine page. Guillaume veut publier pour la première fois en France un véritable manifeste, dans le prolongement de ses propres articles et de ceux d'Apollinaire. Défendant un regard esthétique sur les objets, différent de l'ethnographie, les essais projetés doivent apporter une première forme de classification. Guillaume emprunte dans ce but des objets à divers collectionneurs, dont Matisse, afin de les faire photographier [73]. Il porte une grande attention à la qualité des photographies, en noir et blanc, pour lesquelles il a étudié un procédé qu'il baptise de son nom, comme le montrait déjà le catalogue Dada. Il a certainement réfléchi à cet aspect en découvrant les images publiées dans *Les Soirées de Paris* avant la guerre, notamment celles prises par Delétang pour Kahnweiler. L'album qu'il prépare est une réponse à la publication de *Negerplastik* par Carl Einstein en 1915 en Allemagne [74]. Cet ouvrage, fondateur en Europe au regard de l'esthétisme des arts africains associé à la perception des formes modernes, est illustré de cent dix-neuf photographies, véritable répertoire d'objets. Son auteur est un écrivain, penseur et théoricien du cubisme, ami de Braque, Gris et Picasso avant la guerre, qui l'a mûri lors d'une exposition montrant plus de soixante œuvres de Picasso et dix-neuf objets africains à Berlin en décembre 1913 [75].

L'album de Guillaume révèle le nom des rares collectionneurs de cette époque dans ce domaine ayant accepté que leurs œuvres soient reproduites. En plus de lui-même, on y trouve les artistes Matisse et Vlaminck, le riche héritier Alphonse Kann, les marchands Jos Hessel et Ambroise Vollard, qui montre un ensemble d'objets d'Océanie, André Level, fondateur de l'ancien groupe La Peau de l'ours, mais aussi des noms aristocratiques comme Bernard d'Hendecourt et le comte de Gouy d'Arsy. Certains sont déjà devenus ses clients. Apollinaire préfère que son nom ne soit pas indiqué à côté de ses œuvres. L'ouvrage compte vingt-quatre photographies, parmi lesquelles quelques pièces provenant du musée du Trocadéro. Deux textes sont rédigés, le premier par Guillaume, le second par Apollinaire. Une mésentente survient entre les deux hommes lorsque le marchand refuse que le poète signe son texte. Ce dernier tient bon et l'album *Sculptures nègres. 24 photographies précédées d'un avertissement de Guillaume Apollinaire et d'un exposé de Paul Guillaume* paraît à la fin du mois d'avril [76].

Guillaume arrive à s'attacher Derain en février 1917, par un premier contrat destiné à lui réserver la production de l'artiste après la fin des hostilités [77]. Le marchand fait toujours sa propre promotion dans *La Gazette de l'hôtel Drouot* mais aussi, pour toucher un public plus pointu, dans une récente revue d'avant-garde, *Nord-Sud*, dirigée par Pierre Reverdy. Les

Pl. XVIII. Collection Paul Guillaume.

IDOLE BAMBARA (Côte-d'Ivoire)

« Idole bambara (Côte-d'Ivoire). Collection Paul Guillaume »,
dans *Sculptures nègres. 24 photographies précédées d'un avertissement de Guillaume Apollinaire et d'un exposé de Paul Guillaume*, 1917, planche XVIII.
Paris, musée de l'Orangerie.

annonces du 15 mars et du 15 avril ne font de publicité que pour des « œuvres d'André Derain » et des « sculptures nègres ». Mais dès le 15 mai, les encarts précisent que la galerie dispose d'œuvres de Derain, Matisse, Picasso, Cézanne, Modigliani, Chirico, et qu'un ouvrage, « le premier album de sculptures nègres » tiré à soixante exemplaires, est en vente au prix de 50 francs. C'est la première fois que Guillaume fait en même temps la publicité d'œuvres de Matisse et de Picasso. Il essaiera durant l'été de développer ses activités de courtier auprès de Matisse et montrera la photographie d'une de ses œuvres à un amateur qui lui en proposera 6 000 francs, première mention d'un prix. Mais l'artiste ne lui donnera pas d'autorisation claire ou se ravisera, à la déception du marchand [78]. Par ailleurs, l'album est un succès et, conscient de ses intérêts, Guillaume modifiera l'annonce en fin d'année : l'encart du 1er novembre prévient qu'il ne reste que peu d'exemplaires et que le prix de ces derniers est porté à 80 francs. Entretemps, les autorités militaires s'intéressent à nouveau à lui. Encore une fois classé en service auxiliaire le 17 mars, toujours pour les mêmes raisons médicales, il est rappelé à l'activité et convoqué le 16 mai à la 20e section de secrétaires d'état-major [79].

Guillaume entretient ses relations avec Tzara, auquel il écrit en Suisse. Il choisit alors soigneusement une carte postale reproduisant des objets africains : deux statuettes « du Dahomey » allant de pair, l'une masculine, l'autre féminine [80]. Il s'est rendu certainement à un événement organisé par Apollinaire sous l'égide des *Soirées de Paris* : une exposition des artistes russes Léopold Survage et Irène Lagut chez Germaine Bongard.

Guillaume se démène durant l'été pour ouvrir une nouvelle galerie et croit avoir trouvé « avenue d'Antin, la plus belle galerie de Paris [81] », proche de Barbazanges, mais rien ne se concrétise. En effet, il subit une opération durant l'été, ce qui entraîne une infection ; il est à nouveau réformé provisoirement de ses obligations militaires le 21 septembre [82]. Il a de quoi exposer car il reçoit toujours des tableaux et des dessins de Chirico et achète des objets africains [83]. Il trouve finalement un espace composé de trois pièces, au 108, rue du Faubourg-Saint-Honoré, dans l'annexe de la maison de photographie Druet, active notamment auprès de Rodin et de Matisse [84]. Guillaume tient à faire connaître sa galerie plus largement que son logement de l'avenue de Villiers et convie la presse au vernissage, animé par les interventions des comédiens Pierre Bertin et Louise Lara qui proposent « musique, drame, danse », le 14 octobre. Louis Vauxcelles constate : « Le vernissage hier réunit bon nombre d'amateurs et d'artistes. L'ensemble est fort heureux. Des statues nègres bien entendu puisque nous sommes chez l'un des prêtres attitrés de la nouvelle idole chère à Apollinaire et à Derain. » Guillaume a franchi une nouvelle étape et attire maintenant le « Tout-Paris modernisant [85] ».

Le marchand trouve judicieuses les propositions de Bertin et lui confie l'organisation d'une soirée plus ambitieuse le 13 novembre : la « première séance de

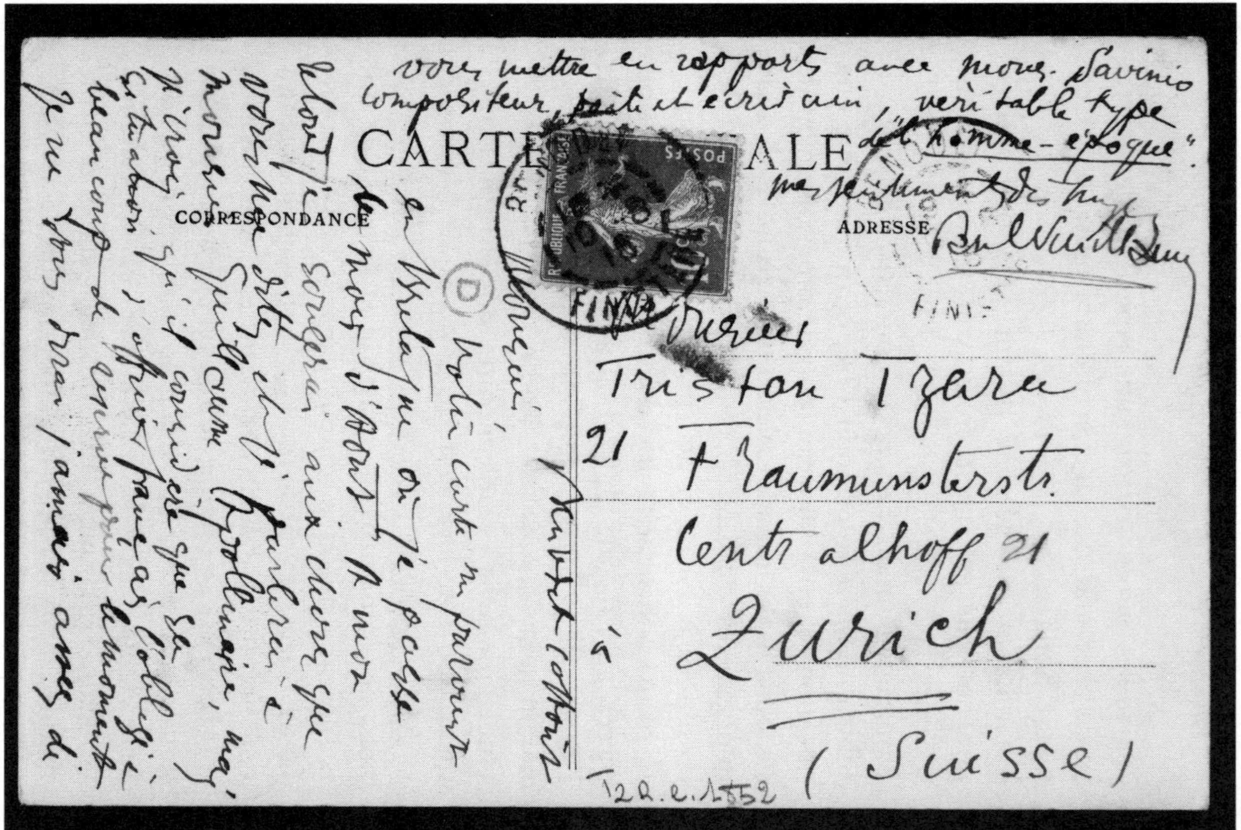

Robert Cottout

Monsieur,

Votre carte me parvient en Bretagne où je passe le mois d'Août. A mon retour je songerai aux choses que vous me dites et j'en parlerai à Monsieur Guillaume Apollinaire, mais je crois qu'il considère que sa situation d'officier français l'oblige à beaucoup de réserve pour le moment. Je ne vous dirai jamais assez de vous mettre en rapport avec Mons. Savinio compositeur, poète et écrivain, véritable type de l'"homme-époque".

Mes sentiments distingués

[illegible]

Monsieur
Tristan Tzara
21 Fraumunsterstr.
Centralhoff 21
à Zurich
(Suisse)

T2R.e.1552

Cartes postales envoyées par Paul Guillaume à Tristan Tzara : allusions à Apollinaire et Savinio, Bénodet (Finistère, Bretagne), 10 août 1916, et « Ancêtres de Béhazin », Paris, 10 août 1917. Paris, Chancellerie des universités, bibliothèque littéraire Jacques-Doucet, fonds Tristan Tzara.

poésie et de musique organisée par Pierre Bertin, de l'Odéon », placée sous le signe de tous les arts modernes [86]. Une « causerie » de Guillaume Apollinaire est annoncée. La soirée rassemble des musiciens : Erik Satie, Georges Auric, la pianiste Marcelle Meyer, épouse de Bertin. Des morceaux de Satie et de Debussy sont joués. Des poèmes d'Apollinaire, de Valery Larbaud et de Blaise Cendrars sont lus. Le programme imprimé comporte un dessin de femme de Derain et un texte de Cocteau intitulé « À Paul Guillaume, négrier » où l'on peut lire : « Vos petits fétiches nègres protègent notre génération qui a pour tâche de rebâtir sur les décombres de l'impressionnisme [...] la jeunesse se tourne vers des exemples robustes. C'est seulement à ce prix que l'univers peut devenir le prétexte d'une nouvelle architecture de la sensibilité au lieu de chatoyer toujours entre les cils clignés du soleil. » On voit que les arts africains et l'art moderne sont toujours liés. Mais le terme « négrier » choisi par Cocteau peut paraître ambigu. Célèbre-t-il en Guillaume le collectionneur qui vient de publier son album mais aussi le marchand ?

La caution de Cocteau est un événement pour Guillaume. Le poète et écrivain, figure du Tout-Paris de la Belle Époque, est considéré par l'avant-garde comme un peu passé de mode en 1914 [87]. Mais, ainsi qu'Apollinaire et Salmon, Cocteau est l'auteur de l'une des trois préfaces du catalogue d'une importante exposition d'art français organisée par Walther Halvorsen (Norvégien établi à Paris, ancien élève de Matisse devenu critique d'art et marchand de tableaux) qui s'est tenue en novembre et décembre 1916 à Christiania, capitale de la Norvège, puis à Bergen. La même année, Cocteau a mûri le projet d'écrire un livret sur une composition musicale de Satie pour les Ballets russes, tout en adjoignant Picasso à l'aventure pour les décors et les costumes. Il a réussi à convaincre les divers protagonistes de se réunir autour de la troupe de Diaghilev et de lui-même à Rome du 19 février au 9 avril 1917. Parmi les costumes dessinés par Picasso, la tête du cheval serait inspirée par un imposant masque de buffle « Guli » appartenant à Guillaume [88]. La première représentation parisienne de cette production nommée *Parade*, le 18 mai 1917, a suscité la surprise, sinon le scandale.

En décembre, Guillaume découvre sans doute la première exposition personnelle de Modigliani, qui fait scandale pour ses nus, chez Berthe Weill, maintenant établie rue Taitbout, près des marchands de la rue Laffitte, et envoie à Zayas à New York six œuvres de Vlaminck pour une exposition individuelle qui ouvrira en janvier 1918 à la Modern Gallery [89].

Chapitre 3

Le coup de maître(s) : l'exposition Matisse/Picasso. *Les Arts à Paris*. La mort d'Apollinaire

1918

Guillaume décide de frapper un grand coup et imagine dès la fin de l'année 1917 ou les premiers jours de 1918 d'exposer pour la première fois en même temps des œuvres de Matisse et de Picasso. Comment mener à bien cette manifestation ? Il a déjà réuni des œuvres des deux artistes et se lance dans une correspondance simultanée avec eux. Ces échanges sont révélateurs de son caractère très entreprenant et de son entregent car il fait « monter les enchères » pour convaincre les deux artistes et joue sur leur supposée rivalité, bien connue dans les milieux artistiques. Cette rivalité serait reflétée par la « polarisation » des deux appartements de la fratrie Stein tels qu'ils se présentaient en 1914 : Gertrude a constitué avec son frère Léo un ensemble remarquable d'œuvres de Picasso rue de Fleurus, tandis que leur frère Michael et sa femme Sarah ont réuni rue Madame un ensemble magnifique d'œuvres de Matisse. En 1917, l'artiste de Montparnasse Marie Vassilieff représente de manière humoristique Matisse et Picasso sous les traits de marionnettes qu'elle fait photographier ensemble. Matisse est en costume, le bras gauche sur un carton à dessin, tandis que Picasso, le teint mat, habillé de manière plus bohème, s'appuie sur une statue africaine ou océanienne [90].

Dès le mois de décembre 1917, Guillaume cherche à attirer Picasso dans sa galerie récemment ouverte, en des termes qui se veulent complices : « Quand vous passerez dans ce quartier-ci cela me fera plaisir de vous recevoir dans ma "case nouvelle". Nous causerons un peu et je vous montrerai un nègre babylonien. Le plus formidable qui soit au monde. » Puis il lui réécrit juste après Noël pour le rencontrer. Ayant pu le voir ou lui parler, il cherche durant les premières semaines de janvier 1918 des œuvres de l'artiste à exposer. « Voyez-vous parmi les gens aimables que vous connaissez quelqu'un ou quelques-uns pouvant prêter de bonnes ou importantes choses de vous ? Pourrait-on s'adresser à Rosenberg ? Madame Erazuriz [*sic*] a une toile célèbre et caractéristique. » Guillaume évoque ici la riche mécène et amie sud-américaine de l'artiste, Eugenia Errázuriz. Il va enfin trouver Picasso dans son atelier de Montrouge le 20 janvier afin de chercher un tableau que l'artiste lui a promis pour l'exposition et qui doit pouvoir rivaliser avec les œuvres de Matisse [91].

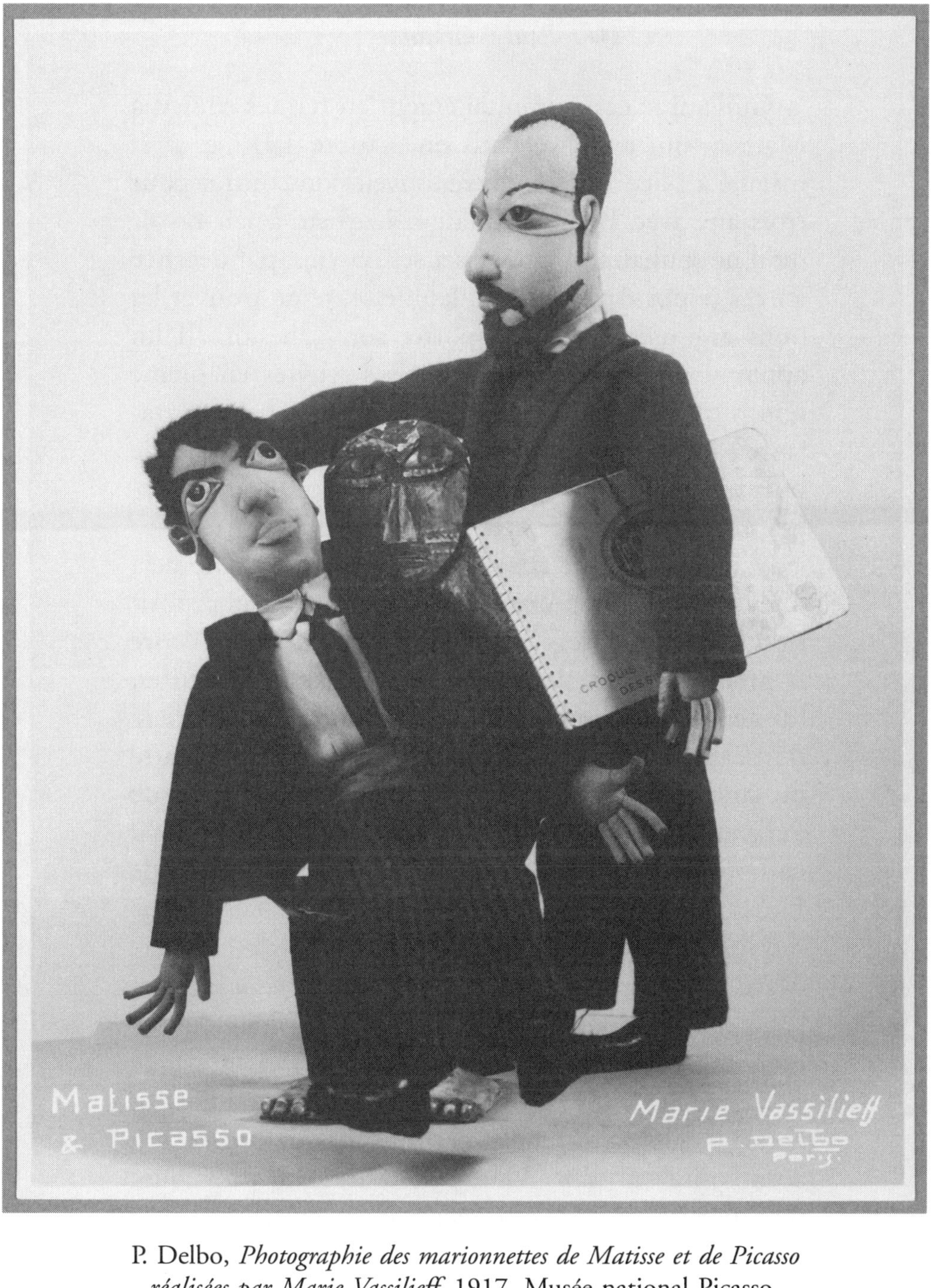

P. Delbo, *Photographie des marionnettes de Matisse et de Picasso réalisées par Marie Vassilieff*, 1917. Musée national Picasso-Paris, Archives Picasso, donation succession Picasso 1992.

Guillaume écrit simultanément en termes choisis à Matisse, qui a quitté Paris en octobre 1917 et s'est installé à Nice après avoir renouvelé son contrat pour trois ans avec Bernheim-Jeune. L'artiste a fait savoir qu'il ne souhaitait pas exposer ses œuvres, par décence en ces temps troublés. Guillaume tente de trouver les bons arguments pour emporter son adhésion. Il lui apprend qu'il souhaite exposer ses œuvres en même temps que celles de Picasso, affirme chercher des travaux à exposer mais aussi à vendre, ce qu'il est sûr de pouvoir faire, et l'assure que la recette des programmes est destinée aux mutilés de guerre [92].

Tout en écrivant aux deux artistes, il imagine déjà une campagne de publicité pour annoncer son exposition. Il propose dès le 8 janvier à Apollinaire d'écrire la préface « au catalogue qui sera très beau », tout en lui demandant un communiqué de presse ou « prière d'insérer » à faire paraître dans les journaux [93]. Quatre ou cinq jours plus tard, il fait poser sur les murs de Paris des affiches orange [94]. Tout cela montre qu'il compte peut-être exposer les œuvres de Matisse et de Picasso qu'il possède déjà en se passant de leur autorisation. Sa campagne d'affichage est remarquée. Matisse en entend parler comme d'une « réclame ultra moderne », ce qui le mécontente, mais dénote bien la nouveauté de cette promotion, tandis que Barbazanges parle de « réclame charlatanesque [95] ». Serait-il jaloux ? Matisse s'estime mis devant le fait accompli. Mais, sans doute peu désireux de provoquer une dispute, et peut-être secrètement curieux de voir quels échos l'exposition va rencontrer, il donne tout de même son autorisation à Guillaume [96].

Ce dernier n'en reste pas à un texte dans la presse et une affiche. Il a l'idée révolutionnaire de faire filmer la veille du vernissage certaines œuvres pour les actualités cinématographiques Gaumont. Ce petit film tourné « sur le pas de sa boutique » s'intitule *Une exposition cubiste à la galerie Paul Guillaume* et fait partie des actualités diffusées avant les projections de films. On y voit un *Intérieur d'atelier* de Matisse et deux œuvres plus mystérieuses de Picasso ; une œuvre cubiste, *Guitare et clarinette sur une cheminée* ou *Femme à la mandoline*, et un grand dessin primitiviste, *Anacréon moderne*. Le tournage aurait suscité un attroupement nécessitant l'intervention d'un sergent de ville [97]. Guillaume fait imprimer un catalogue qui comporte une belle préface d'Apollinaire en deux parties et dresse la liste des œuvres de Matisse puis de Picasso. Apollinaire a déjà donné « les 20 lignes » pour la presse le 14 janvier, après avoir frôlé la mort en raison d'une congestion pulmonaire tandis que Guillaume se plaignait d'être malade et de ne pouvoir lui rendre visite [98]. Ce dernier trouve tout de même la force de demander au poète une liste de critiques ou « gens de journaux » auprès desquels il peut se recommander de lui. Apollinaire affaibli coopère loyalement à une entreprise qui s'annonce passionnante mais qui maintenant lui échappe. L'élève dépasse le maître sans toujours faire preuve de ménagement.

Que peut-on voir à cette exposition montée si rapidement et annoncée de si multiples façons ? Qui sont

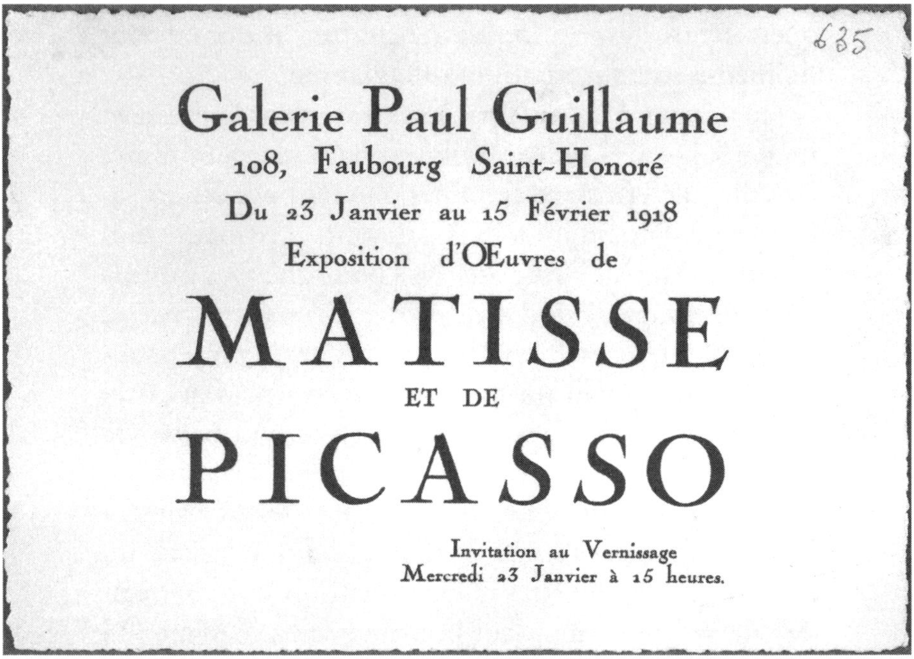

635

Galerie Paul Guillaume
108, Faubourg Saint-Honoré
Du 23 Janvier au 15 Février 1918
Exposition d'Œuvres de
MATISSE
ET DE
PICASSO

Invitation au Vernissage
Mercredi 23 Janvier à 15 heures.

Carton d'invitation au vernissage de l'exposition Matisse/Picasso, galerie Paul Guillaume, 108, rue du Faubourg-Saint-Honoré, janvier 1918. Paris, musée de l'Orangerie, fonds Alain Bouret.

les prêteurs et les personnalités que Guillaume a pu attirer ou avec lesquels il entretient des liens ? Il expose des toiles mais aussi des dessins des deux artistes. Les œuvres de Picasso représentent vingt-cinq numéros ; celles de Matisse douze, à quoi s'ajoutent trois toiles hors catalogue. Les œuvres sont regroupées par artiste dans deux salles différentes, et non côte à côte [99]. Guillaume a réuni un ensemble d'œuvres de Picasso significatives de son évolution stylistique et de ses multiples inspirations des années 1902 à 1915.

On y trouve des saltimbanques des années 1902-1905, mais aussi certaines de ses inventions les plus radicales explorées ensuite, telles des têtes de femmes contemporaines des études des *Demoiselles d'Avignon* de 1906 à 1909. On y voit également d'autres panneaux totalement différents, dits « natures mortes » sur fond vert, appartenant sans doute aux expérimentations du cubisme synthétique peintes durant l'été 1914 en Avignon, qui suscitent l'incompréhension ou l'incrédulité de certains critiques. Les motifs y sont difficilement reconnaissables. On ne sait pas si Guillaume a pu emprunter une toile à Mme Errázuriz. Picasso prête entre autres une œuvre de grandes dimensions, *Guitare et clarinette sur une cheminée* de 1915. Peut-être est-ce celle que Guillaume est allé chercher chez lui. Le marchand possède déjà lui-même plusieurs œuvres de l'artiste : un grand *Acrobate et jeune arlequin* de 1905, une délicate gouache de la même année, *Nus enlacés*[100], et sans doute une tête de femme des années 1906-1909.

Matisse, quant à lui, n'a certainement pas demandé aux propriétaires de ses œuvres des prêts pour l'exposition, et n'a rien prêté lui-même, puisqu'il ne veut pas y être mêlé et que les délais sont très courts. On peut donc supposer que Guillaume n'a pu obtenir ses œuvres que par l'intermédiaire de Fénéon. Le marchand peut montrer un ensemble remarquable de ses toiles des années 1914-1917. L'*Intérieur d'atelier*[101], filmé pour Gaumont, a été réalisé en 1916 dans l'atelier du 19, quai Saint-Michel à Paris que Matisse a réinvesti en décembre 1913. Il s'agit de l'une de ses grandes toiles, alors en cours de vente à son ami Walther Halvorsen, montrant son atelier avec vue sur la Seine, le Palais de Justice et Notre-Dame. Ce dernier prête une autre toile intitulée *La Coupe d'oranges*, réalisée en 1916. Elle frappe particulièrement Apollinaire, qui y fait allusion dans le catalogue, par une phrase devenue célèbre : « Si l'on devait comparer l'œuvre d'Henri Matisse à quelque chose, il faudrait choisir l'orange. Comme elle, l'œuvre d'Henri Matisse est un fruit de lumière éclatante. » Halvorsen devient proche de Guillaume, qu'il conseille. Il joue le rôle d'intermédiaire pour les amateurs de Scandinavie, l'une des seules régions européennes à être épargnées par la guerre et à garder des liquidités, qui a bien accueilli son exposition d'art français de 1916.

Un autre prêteur est Alphonse Kann, héritier d'une riche famille juive viennoise installée à Paris. Il se consacre à sa collection personnelle depuis 1910, avenue du Bois, tout comme l'avaient fait ses parents, et conseille les frères Bernheim et bientôt Guillaume. Il prête sans doute le « Portrait de deux femmes » dit *Deux sœurs* et peut-être un paysage du Maroc de 1912 [102]. Basler le décrira ainsi plus tard : « Naguère encore, on pouvait voir, dans sa riche demeure de l'avenue du Bois, splendide succursale des grandes galeries de tableaux, les mêmes Cézanne, les mêmes Renoir, les mêmes Van Gogh, qui ornaient quelque temps avant ou quelque temps après les vitrines de la rue La Boétie. Quand les peintures du douanier Rousseau, de Matisse, de Picasso, de Segonzac atteignirent un certain prix, il les acheta avant la hausse.

Et quand il est dégoûté de certains peintres, il leur trouve des succédanés ou des équivalents qui n'en sont pas toujours [...]. Le faubourg Saint-Honoré et la rue La Boétie épient ses pronostics. Car il passe pour un connaisseur très autorisé dans le monde des antiquaires et marchands d'art [...]. Alphonse Kann demeure un oracle infaillible pour les snobs, amateurs-marchands et marchands tout court [103]. »

Parmi les prêteurs se trouvent sans doute aussi Marcel Sembat et sa femme Georgette Agutte, ancienne condisciple de Matisse dans l'atelier de Gustave Moreau. Sembat est un homme politique, député socialiste du 18e arrondissement de Paris, ancien ministre des Travaux publics. Très cultivé, passionné de philosophie, de littérature et de psychanalyse, il forme avec sa femme une très belle collection d'art moderne comprenant des œuvres de Matisse, Rouault, Marquet, Van Dongen, Signac, Vuillard, Vlaminck et Derain. Le couple est très proche de Matisse et Sembat prépare la première biographie de l'artiste, qui paraîtra en 1920. Ils possèdent un « paysage du Maroc » qui pourrait être aussi celui de l'exposition. « Femme lisant » serait une possession de Sembat ou de Fénéon. Michael et Sarah Stein prêtent un portrait de Sarah, réalisé en 1916.

Enfin les trois toiles hors catalogue, « les très belles choses de vous qui m'ont été promises [...] par Monsieur Hessel [104] » selon Guillaume à Matisse, forment un triptyque, prêté par Jos Hessel, cousin des frères Bernheim, dont il a dirigé la galerie avant d'ouvrir la sienne au 26, rue La Boétie, tout en travaillant avec son confrère Paul Rosenberg, établi dans la même rue. Il a acheté avec Georges Bernheim, à ne pas confondre avec les deux frères, un triptyque intitulé *Les Trois Sœurs*, représentant à trois reprises Laurette, modèle de l'artiste, avec l'une de ses sœurs et une autre figure féminine. Hessel a peut-être déjà réuni les trois œuvres chez lui et a sans doute l'intention de racheter les siennes à Bernheim, ce qui sera fait semble-t-il quelques jours après la fermeture de l'exposition [105]. On voit que Guillaume a pu s'assurer, malgré leurs origines disparates, le concours de collectionneurs sensibles, intelligents et passionnés, aux réseaux étendus, ce qui lui est profitable et élargit encore ses horizons.

Matisse ne visite pas l'exposition mais demande un catalogue, et sa femme des invitations pour le vernissage [106]. La manifestation attire de nombreux amateurs, comme le lui rapporte Barbazanges. Guillaume a su faire sa publicité et attirer critiques et journalistes. Parmi les nombreux comptes-rendus parus dans la presse, reprenant souvent les lignes d'Apollinaire, celui de la *Revue* du 1er mars est révélateur : « Une double exposition d'œuvres d'Henri Matisse et de Picasso a attiré à la Galerie Paul Guillaume (108, faubourg Saint-Honoré) les curieux de surprenantes manifestations [...] Le passant qui entrerait hardiment et sans préparation à la Galerie Guillaume, serait assurément frappé de stupeur devant les panneaux qui s'y étalent à côté de dessins de lignes si pures et si délicates [...] Une longue initiation est nécessaire avant de pénétrer dans le temple qu'est une exposition de Picasso et une littérature abondante se rattache déjà à son œuvre, dont elle est le catéchisme préparatoire. [...] Devant les toiles que M. Picasso offre depuis des années à ses admirateurs, nous ne pouvons nous empêcher de songer, avec une certaine mélancolie, à celles qu'il peignait au début de sa carrière [107]. »

Si plusieurs œuvres de Picasso restent impénétrables aux visiteurs, la bataille intellectuelle fait encore rage autour du cubisme et cet aspect dogmatique fatigue l'artiste. Son escapade en Italie aux côtés de Diaghilev lui a permis d'échapper au « climat » parisien et d'expérimenter un style néoclassique. Quant à Matisse, arrivé selon ses propres dires au bout de ses recherches, l'installation à Nice l'a également libéré de ces discussions et lui donne un nouvel horizon. Cette découverte de la production de la décennie 1910 des deux artistes frappe les contemporains. Guillaume vante bien entendu le résultat de l'exposition à Matisse [108]. Mais l'entourage de ce dernier la perçoit comme plutôt favorable à Picasso, dont les œuvres n'ont pas été montrées à Paris depuis des années [109].

Galvanisé par l'expérience, Guillaume songe déjà à sa prochaine exposition. Plutôt que de la consacrer à Larionov et Gontcharova, revenus à Paris, comme le lui suggère Apollinaire, il présente vingt-cinq toiles récentes de Kees Van Dongen, peintre néerlandais installé dans la capitale depuis 1900 qui a suivi les Fauves, plus faciles à vendre, tout en préparant enfin le lancement de sa propre revue, qu'il nomme *Les Arts à Paris*. Son titre est évidemment inspiré par celui des *Soirées de Paris*. Apollinaire voit Guillaume concrétiser son rêve à sa place. Certes, le jeune marchand lui propose d'y participer moyennant finances et même d'en assurer le plus gros du travail. Mais il n'est plus que l'employé de son ancien protégé. Les rapports se sont une fois de plus renversés.

Le premier numéro des *Arts à Paris* paraît le 15 mars 1918. Apollinaire y publie un texte sur Van Dongen, tenant lieu de catalogue pour l'exposition qui ouvre le 17. Ce premier numéro étant pourvu d'une couverture en noir et blanc, Apollinaire propose une couverture en couleurs plus attrayante pour le numéro suivant et conseille à Guillaume le peintre Guy Fauconnet. Ce dernier livre une sorte de palette de couleurs verticales, à la manière de crayons ou de tubes, assez classique mais frappante. Après une première typographie proche encore de l'Art Nouveau, le titre de couverture adopte des caractères plus modernes qui resteront les mêmes durant plusieurs années. Fier et heureux, Guillaume photographie un exemplaire de la revue épinglé sur la devanture d'un kiosque à journaux [110]. Guillaume réunit ses deux passions dans *Les Arts à Paris*, qui devient le lieu de débats concernant l'art moderne mais aussi la place des arts d'Afrique et d'Océanie, et, peu à peu, l'une des revues phares de l'Europe artistique de l'entre-deux-guerres, comptant vingt et un numéros en quinze ans, avec un tirage de trois cents à mille exemplaires. *Les Arts à Paris* font la promotion de la galerie, mais s'intéressent aussi aux événements artistiques de la capitale, aux ventes de l'hôtel Drouot, et à diverses publications sur l'art. Le deuxième numéro du 15 juillet 1918 relate ainsi la première vente après décès des œuvres de Degas, dispersées du 6 au 8 mai. Guillaume en est le premier contributeur, parfois sous divers pseudonymes : Collin d'Arbois, Le Nègre Bleu ou Captain Redstone… Il y laissera une grande place à son client Albert Barnes durant les années de leur association, ainsi qu'au critique Waldemar-George. Les reproductions photographiques se multiplient peu à peu et fournissent de précieuses indications sur les œuvres appartenant à Guillaume.

Le jeune homme est invité au printemps au mariage d'Apollinaire. Ce dernier veut croire au bonheur et a fait sa demande à sa compagne Jacqueline Kolb dite « Ruby » ou « la Jolie Rousse ». Ils se marient le 2 mai 1918 à la mairie du 7e arrondissement puis en l'église Saint-Thomas-d'Aquin ; Picasso est l'un des témoins d'Apollinaire. Le marié a de petits financiers et n'invite que peu d'amis au déjeuner qui suit au restaurant, c'est donc une attention particulière pour Guillaume d'y être convié. Il néglige cependant de s'y rendre et charge un bijoutier d'envoyer un cadeau. Apollinaire voit alors arriver un présent de seconde main : une ménagère de couverts d'occasion. L'attitude et le cadeau sont insultants [111]. Quel contraste avec Picasso, qui offre le soir même aux nouveaux mariés l'une de ses plus belles toiles récentes, nommée *L'Homme à la guitare* [112] !

Le 12 juillet c'est au tour de Picasso d'épouser, avec Apollinaire pour témoin, Olga Khokhlova, danseuse de la troupe de Diaghilev, en l'église russe de la rue Daru. Les autres témoins sont Max Jacob et Jean Cocteau. Picasso emmène sa femme en voyage de noces au Pays basque, chez Mme Errázuriz. Il laisse son adresse à Guillaume qui la lui a probablement demandée [113]. En effet, ce dernier doit savoir que l'artiste se détache de son marchand depuis 1915, Léonce Rosenberg, et cherche à se placer auprès de lui en lui écrivant à plusieurs reprises durant le mois d'août [114]. Mais alors que Guillaume est à Paris, Vichy puis en Normandie, Picasso rencontre à Biarritz Paul Rosenberg, frère de Léonce, ainsi que le marchand Georges Wildenstein, et conclut un accord avec eux.

À l'automne, Guillaume organise avec Louise Lara et son mari l'architecte Édouard Autant une présentation d'œuvres de Chirico pour leur groupe Art et Liberté. Ce groupe associe depuis 1911 diverses personnalités littéraires et artistiques défendant l'avant-garde. La soirée a lieu au Théâtre du Vieux-Colombier, près de Saint-Germain-des-Prés, le 3 novembre. Guillaume présente sur scène onze toiles de Chirico et lit un manifeste en faveur de l'artiste, qu'il a rédigé lui-même afin de faire partager son attrait pour cette peinture. « L'art de Giorgio de Chirico se base sur la révélation, déclame-t-il. Nous pénétrons dans les espaces métaphysiques où le sens commun et même intellectuel de la vie n'existe plus, où seules les émotions rares et inexplicables de l'esprit continuent à vivre. » La soirée est déconcertante pour les quelques représentants de la presse, dont les comptes-rendus sont moqueurs envers la peinture de Chirico et les déclamations de la comédienne Rachilde. Mais elle marque durablement les esprits liés à l'avant-garde [115].

Apollinaire assiste-t-il à la soirée ? Guillaume et lui se sont manqués plusieurs fois les semaines précédentes et le poète en est blessé. Guillaume lui a dressé dès le mois de juillet tout un programme pour le troisième numéro des *Arts à Paris* et ne cesse de le poursuivre pour avoir des textes. On ne sait quand les deux hommes se sont vus pour la dernière fois [116]. Apollinaire et Jacqueline tombent malades dans les premiers jours de novembre et le poète meurt le 9 de la grippe espagnole. Guillaume assiste à ses obsèques le 13 novembre, deux jours après l'armistice, alors que Paris est en liesse. On le voit parmi les amis du poète au cimetière du Père-Lachaise [117]. Cette perte marque le marchand, plus attaché à son ancien mentor qu'il ne le croyait. Il publie en première page du numéro 3 des *Arts à Paris*, le 15 décembre, un bel hommage d'une page : « Apollinaire est mort ». Il se réclamera de lui toute sa vie et ses contemporains n'oublieront pas cette filiation. Guillaume rejoindra plus tard le comité formé en vue d'ériger un monument à Apollinaire, annoncé en décembre 1920 et commandé à Picasso [118].

Rappelé le 21 août par les autorités militaires, Guillaume est à nouveau réformé le 20 novembre, toujours pour les mêmes raisons médicales [119]. Il a le temps de préparer une nouvelle exposition qu'il intitule cette fois « Les peintres d'aujourd'hui », afin de répondre aux détracteurs de l'art moderne. L'exposition ne dure qu'une huitaine de jours, mais Guillaume montre un ensemble équilibré d'œuvres de Matisse, Picasso, Derain, Chirico, Vlaminck, La Fresnaye, Modigliani et Utrillo, annoncées dans cet ordre. Une critique parue dans *Aux écoutes* le 29 décembre résume parfaitement la nouvelle visibilité de Guillaume, au moins dans le monde de l'art moderne. Son titre « L'écurie Paul Guillaume » fait référence à « l'écurie Kahnweiler » d'avant-guerre. On peut lire : « M. Paul Guillaume a une grande activité dont il faut le louer. Directeur de revue, conférencier, marchand de tableaux, il est également critique d'art. L'orateur et l'homme de lettres vont d'ailleurs généralement avec le marchand et c'est fort bien ainsi. M. Guillaume est le lanceur des statuaires nègres de haute époque et des fauves les plus modernes. Il juxtapose un Matisse à un masque sénégalais. Jaloux des lauriers de M. Rozenberg [*sic*] junior, il nous offre à déchiffrer des Picasso. Mais le cubisme n'est pas son unique dilection. » L'auteur s'arrête ensuite sur Derain mais nous apprend que « M. Paul Guillaume a surtout, en son écurie picturale [...] deux poulains favoris. L'un est M. Mocdigliani [*sic*] Italien des Batignolles ; et l'autre Georgio de Chirico [*sic*], Espagnol montparnassien. » Il fait référence aux artichauts des œuvres de Chirico et conclut avec ironie : « Allez donc voir cela, faubourg Saint-Honoré. »

Chapitre 4

Le Tout-Paris. Le mariage.
Le « Temple » : la galerie de la rue La Boétie
1919-1921

Guillaume séjourne dans le Midi durant l'hiver 1918-1919. Il souhaitait rendre visite à Renoir dans sa maison des Collettes à Cagnes, cette année-là ou la précédente, mais Jean, l'un des trois fils de l'artiste, le prévient qu'il ne faut pas lui demander de tableau [120]. Il revoit Modigliani et Matisse à Nice, et écrit à ce dernier en février 1919 que « [son] désir serait de voir même les toiles non destinées à être vendues et qui sont enterrées lorsqu'elles sortent de chez vous ; si bien que l'on risque de les ignorer ». Au-delà de la flatterie, la remarque est assez fine. Matisse lui confie quatre sculptures en bronze, mais leur patine paraît surprenante aux yeux du néophyte, car le garçon de magasin employé par Guillaume les passe au papier de verre pour les faire briller [121]. Le numéro 4 des *Arts à Paris* paraît le 15 mai, doté pour la seconde fois d'une couverture en couleurs, dessinée par Natalia Gontcharova. Guillaume y présente ses projets du moment.

En effet, il organise du 10 au 31 mai à la galerie Devambez, 43, boulevard Malesherbes, spécialisée dans les estampes modernes, la « Première exposition d'art nègre et d'art océanien ». Elle réunit un ensemble de cent quarante-sept objets dont l'ampleur dépasse toutes les expositions tenues jusque-là en Europe ou aux États-Unis. Quarante-sept pièces lui appartiennent, les autres ont notamment été confiées par André Level, Léonce Rosenberg ou Georges Menier, héritier avisé de la chocolaterie familiale. Le catalogue comporte deux textes assez courts. Tout d'abord une préface de Level et du journaliste et critique Henri Clouzot, conservateur de la bibliothèque Forney à Paris depuis 1908 : « L'art sauvage. Océanie – Afrique ». S'y ajoute un texte posthume d'Apollinaire, en fait une partie de ses écrits de l'album *Sculptures nègres* : « À propos de l'art des Noirs ». La phrase suivante qui en est extraite résume la position de Guillaume : « C'est par une grande audace du goût que l'on est venu à considérer ces idoles nègres comme de véritables œuvres d'art. » Picasso se rend à l'exposition, Doucet également, qui acquiert quelques œuvres [122]. En effet, ce dernier s'est séparé en 1912 de sa légendaire collection d'œuvres du XVIIIe siècle lors de ventes dont le produit inégalé de plus de 13 millions de francs et l'importance des acheteurs américains ont défrayé la chronique. Grand bibliophile, il a employé cet argent à fonder une bibliothèque d'art et d'archéologie, et à acquérir des collections modernes, fait surprenant pour un homme né sous le Second Empire. Il conserve sa magnifique collection d'art asiatique et, à plus de 65 ans, s'intéresse aux arts africains.

La guerre étant désormais finie, Guillaume souhaite prolonger l'effet de son exposition et élargir son public. Il déploie tout son sens de l'organisation en mettant sur pied une « Fête nègre » à la Comédie des Champs-Élysées le 10 juin. Le choix de la salle, construite en 1913, ne doit rien au hasard car c'est un emblème de la modernité parisienne. Une affiche détaille le programme de la soirée. De nombreux artistes liés au marchand sont de la partie : Van Dongen et Dunoyer de Segonzac signent les décors et même les tatouages des danseurs, Honegger la musique, Cendrars des contes oraux repris pour la première fois d'authentiques contes africains, qui seront publiés en 1921 dans son *Anthologie nègre*. La soirée s'ouvre sur des « Argument et commentaires » dits par Guillaume, avant la déclamation de « Trois contes nègres » par Louise Lara, qui va bientôt être renvoyée de la Comédie-Française car considérée comme « subversive en art ». S'ensuit l'adaptation musicale de Honegger *Danse à la lune nagedjone des tribus essissones* avant une succession de danses de la « tradition fang », où Guillaume ne craint pas de se produire lui-même, le tout se terminant par le bien nommé « "Vertige" final ».

La manifestation attire le Tout-Paris, artistes et grand monde réunis, et bénéficie d'une importante couverture par la presse, jusqu'au *Vogue* américain. Les critiques se montrent cependant étonnés ou moqueurs. Guillaume fera reproduire son texte dans

Les Arts à Paris du 1er novembre 1919, ainsi que de nombreux comptes-rendus suscités par les deux manifestations, choisissant les plus élogieux. La couverture de la revue est alors opportunément illustrée d'un masque africain qui deviendra pour plusieurs mois l'emblème de la galerie. À lire les commentaires, on constate que la fête se rapproche plus d'une absurde manifestation Dada que d'une réunion élégante. Est-ce la fureur de vivre qui a repris le dessus après la Grande Guerre, doublée d'une envie de marquer les esprits ? Guillaume expose sa profession de foi : « Ici ou là, nous n'avons fait ni ethnographie, ni histoire. Nous nous sommes placés au point de vue de l'art. Cela a plu ou déplu ; on en a ou non senti l'intérêt, la nouveauté, la liberté. Nous ne saurions critiquer ou louer l'œuvre accomplie en commun avec des artistes sentant comme nous. » Après toutes ces années à défendre l'art africain et à le faire circuler, il s'inscrit ainsi dans le mouvement artistique qui a vu, depuis 1905, des pionniers comme les Fauves, Picasso, Modigliani et Fénéon commencer à l'apprécier. Le voici devenu le point de mire à Paris dans ce domaine. Il succède à Brummer pour la circulation de ces œuvres et remporte son pari !

Le rapprochement de deux des comptes-rendus de la « Fête nègre » est éloquent. Dans *L'Avenir* du 12 juin, André Warnod adopte un ton las pour en faire la description dans son article « Sous les cocotiers. Une fête nègre aux Champs-Élysées », qu'il conclut ainsi en parlant des spectateurs : « Mais, tout de même ils n'avaient pas perdu leur soirée :

SOUS LES COCOTIERS

UNE FÊTE NÈGRE AUX CHAMPS-ÉLYSÉES

Quelle étonnante séance que cette soirée nègre donnée au théâtre des Champs-Elysées devant un public de choix, où voisinaient toutes les élégances du monde des arts et des théâtres ! M. Pams lui-même était là et M. Philippe Berthelot et encore le marquis de Polignac et M. de Goloubew et le général d'Osnolitchine. Quant à M. Paul Poiret il était camouflé en roi nègre et occupait solennellement une avant-scène. M. Paul Guillaume, pour commencer, fit une petite causerie et conclut gravement que le premier devoir de la femme moderne était d'être nègre. On applaudit, comme il convenait et M. Blaise Cendrars lut les contes qu'il a traduit du mossi et du chivabo. Voulez-vous connaître le refrain du plus beau de ces contes ? Le voici :

— Pleure, pleure ndeyandeyâ
Pleure ndeyandeyâ
Donne-moi un enfant à manger !
A manger, ndeyandeyâ
Pleure ndeyandeyâ

Pendant l'entr'acte, l'activité était grande dans les coulisses. Van Dongen badigeonnait, infatigable, de bénévoles figurantes ; des peintres se maquillaient en sauvages ; les musiciens accordaient leurs instruments. Mais le rideau se lève enfin, et toute une tribu bondit sur la scène, brandissant des armes et poussant des cris aigus. Le sorcier s'installe majestueusement au milieu de l'assemblée et commence à commenter d'une voix caverneuse les pas que, tout autour de lui, font les nègres tracassés par l'envie de se remuer. M. Marcel Herrand saute, Mme Kariatys se trémousse ; Mlle Naïck mime, couverte de palmes, la fable du palmier, et tout s'achève par un « délire final », après toutefois qu'un extraordinaire éléphant ait montré tout ce dont il était capable.

Les spectateurs regardaient et écoutaient, un peu déconcertés. Ceux qui avaient payé leur place très cher hochaient la tête ; mais

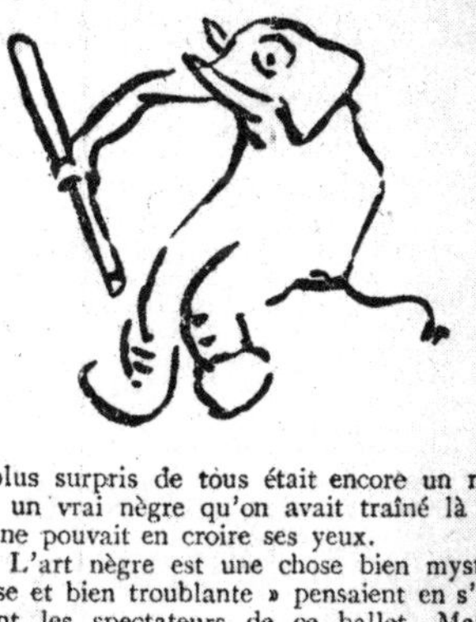

le plus surpris de tous était encore un nègre, un vrai nègre qu'on avait traîné là et qui ne pouvait en croire ses yeux.

« L'art nègre est une chose bien mystérieuse et bien troublante » pensaient en s'en allant les spectateurs de ce ballet. Mais, tout de même ils n'avaient pas perdu leur soirée : ils avaient découvert ce qui sera à la mode la saison prochaine. Après les bals d'apaches et les bals persans nous n'échapperons pas aux bals nègres. Prenons courage.

André WARNOD.

André Warnod, « Sous les cocotiers. Une fête nègre aux Champs-Élysées », *L'Avenir*, 12 juin 1919.
Paris, musée de l'Orangerie, fonds Alain Bouret.

ils avaient découvert ce qui sera à la mode la saison prochaine. Après les bals d'apaches et les bals persans nous n'échapperons pas aux bals nègres. Prenons courage. » La mention d'un bal persan est une allusion transparente à la fête persane qu'avait organisée Poiret chez lui le 24 juin 1911 : la « Mille et deuxième nuit ». Poiret est d'ailleurs bien visible à la fête de Guillaume, costumé en « roi nègre ». La remarque est prémonitoire puisqu'un bal ouvrira rue Blomet en 1924, qui sera rebaptisé « Bal nègre » par Robert Desnos. L'article de Warnod est précisément illustré de croquis montrant deux silhouettes costumées gesticulant en une danse extatique, ainsi qu'une demi-silhouette d'éléphant. Deux jours plus tard, dans *L'Opinion*, André Billy se montre plus lucide ou plus ambigu à propos de leur hôte : « Quand le rideau se fut levé, M. Paul Guillaume occupa d'abord la scène. Smoking, escarpins, petite moustache taillée en brosse. Il nous parla de l'art nègre accrédité jadis par Guillaume Apollinaire auprès des peintres cubistes [...]. M. Paul Guillaume prend un grand soin de ces masques et de ces fétiches. Il les place sous des vitrines et multiplie ainsi par cent leur valeur commerciale. Réellement beaucoup d'entre eux sont d'un hiératisme troublant. Ils atteignent parfois au grand style [...]. Il n'avait pas fini de parler que l'applaudissait déjà un auditoire plus friand de musique et de danses que de discours. » Guillaume gardera toute sa vie le souvenir de cette fête et accrochera l'affiche dans le bureau de sa galerie de la rue La Boétie. Il est par ailleurs placé en congé illimité de démobilisation le 12 septembre 1919 [123].

La mort de Modigliani le 24 janvier 1920 est certainement un choc personnel pour Guillaume, qui prépare une nouvelle exposition de peintures modernes et prévoit d'y montrer des œuvres de l'artiste. Désireux d'exposer dans des locaux plus vastes ou plus prestigieux que sa galerie du Faubourg-Saint-Honoré, il se tourne une nouvelle fois vers la galerie Devambez et tente de réemprunter des œuvres à Picasso et à Matisse [124]. L'« Exposition de peinture moderne organisée par Monsieur Paul Guillaume » ouvre du 27 janvier au 12 février. Le catalogue comprend un texte posthume d'Apollinaire. La plupart des œuvres appartiennent au marchand, qui présente quatre Picasso, douze Modigliani, *Les Trois Sœurs* de Matisse de 1917 qu'il a pu acquérir, magnifique écho au triptyque exposé en 1918, et ses quatre bronzes de l'artiste. Enfin on y voit *Il Ritornante* ou *Le Revenant*, une œuvre métaphysique fascinante de Chirico peinte durant l'hiver 1917-1918 à Ferrare, qu'il a racheté à Broglio, fondateur de la revue *Valori plastici* à Rome. *Le Revenant* a déjà été exposé deux fois en Italie en 1918 [125]. Guillaume s'en sépare longtemps, puisqu'il le prête à Genève durant l'hiver 1920-1921, puis à Berlin, Hanovre et Dresde en 1921, avant de l'exposer à nouveau à Paris en 1922. Le tableau est alors publié dans le premier numéro de la seconde série de la revue *Littérature*, menée par Breton, où il influence les surréalistes.

Guillaume apprend que la récente revue à tendance anarchiste *Action* va publier un ensemble d'« opinions sur l'art nègre » dans le numéro 3 du mois d'avril. Il achète un encart pour sa galerie, illustré du masque africain qui avait fait la couverture du numéro 5 des *Arts à Paris* en novembre 1919. Il précise vendre mais aussi acheter des œuvres de Derain, Matisse, Marie Laurencin, Picasso, Vlaminck, Renoir et Utrillo, et bien sûr des « sculptures nègres [126] ». Les textes publiés dans *Action* sont signés notamment Apollinaire, Cocteau, Lipchitz et Salmon. Picasso y lance sa célèbre formule, revenant sur l'influence supposée des arts africains sur *Les Demoiselles d'Avignon* : « L'art nègre ? Connais pas. »

Mais la vie de Guillaume prend un nouveau tournant, car il est amoureux ! Il a rencontré une belle jeune fille brune nommée Juliette Lacaze, née le 19 mai 1898, venue de l'Aveyron avec son frère Jean. Derain est dans la confidence car, après avoir peint un portrait de Guillaume en 1919 [127], il réalise celui de la jeune femme, douce et souriante, qui est publié dans *Les Arts à Paris* de novembre 1920. Guillaume fait ainsi les honneurs de sa revue à sa jeune épouse. Ils se sont en effet mariés le 8 octobre à la mairie du 17e arrondissement puis en l'église Saint-Charles-de-Monceau. Guillaume aurait rencontré Juliette un dimanche et l'aurait rebaptisée Domenica, surnom qui lui est souvent attaché, mais il ne l'appelle que Juliette dans sa correspondance. C'est le prénom que nous gardons ici. Leur contrat de mariage nous apprend que Guillaume offre un apport de

410 000 francs, dont quelques rares œuvres de Derain et de Matisse, cent vingt peintures de divers artistes, mais surtout deux cent cinquante dessins et aquarelles et deux sculptures de Modigliani, le tout estimé à 150 000 francs, ainsi qu'une collection de sculptures africaines estimée à 75 000 francs. Il s'agit du seul document connu sur son fonds de commerce. Tout cela recoupe ses encarts publicitaires. Juliette n'apporte rien [128].

Juliette/Domenica défraiera la chronique quarante ans plus tard, mais peu de gens se sont demandés quel a pu être son véritable rôle auprès de Guillaume du vivant de celui-ci. Le jeune homme est de nature neurasthénique, « intelligent, spirituel mais "poétiquement négatif" [129] », doté d'une grande sensibilité artistique et personnelle. Les échanges intellectuels et le contact humain lui sont nécessaires. Il a besoin d'un être avec qui tout partager et peut-être aussi d'une femme qui l'accompagne dans son ascension sociale et ses projets artistiques. Car, dans la bonne société des années 1920, il faut au marchand une épouse qui puisse l'accompagner dans le monde et recevoir dignement. Or, Juliette va former avec son mari un véritable duo et briller dans les sphères où il cherche à entrer. Le couple va désormais gravir les échelons de la société et la jeune provinciale va se transformer en hôtesse remarquée. Si Guillaume au fil des années se montre véritablement très amoureux de sa femme, lui dédiant croquis et photographies, on peut s'interroger sur la réciprocité de ce sentiment. Car les pathologies dont souffre Guillaume lui permettent-elles réellement d'avoir des relations conjugales ? La jeune femme va prendre un grand ascendant sur son mari et faire preuve d'une ambition dévorante. Par son influence, elle est pour Guillaume la seconde rencontre la plus importante de sa vie.

Le jeune marchand est impécunieux et *Les Arts à Paris* s'interrompent provisoirement avec le numéro 6. Il cherche toujours à se rapprocher de Picasso et lui écrit le 3 décembre pour lui demander de réaliser le portrait de sa nouvelle épouse, mais il ne semble pas que l'artiste ait donné suite à cette requête. L'automne est l'occasion pour Guillaume de répondre à l'enquête de Félix Fénéon « Les arts lointains iront-ils au Louvre ? » qui paraît dans le *Bulletin de la vie artistique* du 15 novembre. Il affirme alors : « Aucun art n'ayant influencé plus directement la plastique d'une époque, l'art nègre entrera au Louvre comme une explication nécessaire, en même temps que les œuvres qu'il inspira [130] », ce qui montre une fois de plus qu'il regarde les œuvres d'art moderne occidentales à travers le prisme des arts d'Afrique et d'Océanie, et non le contraire.

Peut-être forcé de quitter le Faubourg-Saint-Honoré en raison de la spéculation immobilière, Guillaume achète deux encarts publicitaires dans le *Crapouillot* du 16 février et y mentionne « provisoirement 16 avenue de Villiers ». Le marchand a conscience que les œuvres de Modigliani vont s'apprécier et souhaite appâter leurs propriétaires : « J'achète cher actuellement les tableaux de Modigliani. » Le second encart précise qu'il propose aussi de la « sculpture nègre ancienne ». Le 26 février, c'est l'inauguration de sa nouvelle galerie au 59, rue La Boétie, à proximité du carrefour Saint-Philippe-du-Roule. C'est une réussite, car cette rue est « le centre du commerce de l'art moderne [131] » à Paris. On y trouve notamment au 21 la galerie de Paul Rosenberg, qui a convaincu Picasso et sa femme de s'installer juste après la guerre dans l'immeuble mitoyen du sien, au numéro 23. Guillaume loue quant à lui une galerie dans l'un des immeubles construits après l'alignement de ce côté de la rue, décidé en 1905. La construction voisine, au numéro 57, qui a échappé à l'alignement, est un hôtel particulier du XVIIIe siècle occupé par le marchand et collectionneur Nathan Wildenstein, spécialiste des maîtres anciens. Le transfert est annoncé notamment dans le *Crapouillot* du 16 mai par une annonce exhaustive illustrée d'un détail d'un reliquaire fang, un byeri publié en 1917 dans *Sculptures nègres* [132].

Comment se présente cette galerie ? Seule une photographie montrant le marchand à son bureau est pour l'instant connue, mais, en croisant les témoignages, on peut se faire une idée de sa disposition. Tout d'abord, le côté des numéros impairs de la rue est celui où il faut être, selon Savinio qui découvre avec étonnement la nouvelle installation de son ami à son retour en France en 1924 : « Les vastes vitrines de sa nouvelle galerie brillent du “bon” côté de la rue La Boétie [133]. » Un témoignage est fourni par des lettres de Guillaume lui-même : la galerie comporte un espace sur la rue et une arrière-boutique où il

LEGOUPY
5. Boulevart de la Madeleine, 5
édite et vend toutes sortes de gravures, eaux-fortes, livres d'art et de sports. Il tient aussi les estampes, meubles, objets d'art anciens, et s'occupe de tout ce qui concerne son état.

GALERIE LA LICORNE
110, rue La Boëtie
Salle I. — L'Artiste et sa famille, groupe de peintures et sculptures modernes.
Salle II. — Peintures, desseins, maquettes de décors et de costumes de
VALDO BARBEY
du 11 au 24 Février

Tél. : Fleurus 05-47
GALERIE LE PRINCE
A. LE PRINCE, Editeur
32 — rue St-Sulpice — 32
Métro : Saint-Sulpice
EAUX-FORTES et POINTES SÈCHES
en noir et en couleurs
PEINTURES — AQUARELLES
ENCADREMENTS

Gut. 07-00
HAUTECŒUR FRÈRES & Cie
172, rue de Rivoli et 2, rue de Rohan
Station Métro : Palais Royal
Peintures et Aquarelles
Eaux-Fortes et Pointes Sèches
Cadres et Encadrements

DANS LE MONDE ENTIER
L'ORGANE DE DÉFENSE
DE L'INDUSTRIE ET DU COMMERCE
EXCLUSIVEMENT FRANÇAIS
EST
L'EXPORTATEUR FRANÇAIS

Élysée 60-83
Trudaine 59-65
Télég. : Patapan-Paris
Codes ABC 5th & Private
ELYSIUM ART GALLERY
6, rue Arsène-Houssaye et 23, rue Lord-Byron (Étoile)

Je suis Acheteur au comptant
DE TABLEAUX DE
Renoir, Manet, Claude Monet, Pissarro, Courbet, Gauguin, Lautrec, Sisley, Van Gogh, Cézanne, Bonnard, Vuillard, Roussel, Derain, Matisse, Picasso, Marie Laurencin, Vlaminck, Utrillo, Modigliani, etc.
PAUL GUILLAUME, provt 16, avenue de Villiers :: Paris
Sculptures nègres anciennes, tableaux de la jeune peinture

J'ACHÈTE CHER ACTUELLEMENT
LES TABLEAUX DE
MODIGLIANI
PAUL GUILLAUME
provisoirement : 16, avenue de Villiers — PARIS

LIBRAIRIE GÉNÉRALE
E. LEMERCIER
5, place Victor-Hugo, PARIS — Téléph. : Passy 86-12
GRAND CHOIX DE
VOLUMES RELIÉS POUR CADEAUX
ÉDITIONS D'AMATEURS
LITTÉRATURE, HISTOIRE, BEAUX-ARTS
Exécution de reliures
ACHAT DE LIVRES

B. SARTON
Électricité — Installation
Abat-jour
115, Bd Haussmann, Paris — Tél. : Elysées 25-36

LE DECOR MURAL
21, rue d'Argenteuil (Avenue de l'Opéra)
TAPIS AMÉRICAIN
3 fois meilleur marché que la moquette
PAPIERS PEINTS (exclusif)

Collection du Roman Littéraire
dirigée par Henri de Régnier
— de l'Académie Française —
Vient de paraître
PERNETTE GILLE
UN AMOUR
19me volume de la collection
Un volume : 6 fr. 75
Albin Michel, éditeur
22, Rue Huyghens, Paris (14e)

SAUVAGE
370, Rue Saint-Honoré
Tableaux modernes
ESTAMPES
ÉDITIONS

DEVAMBEZ
43, Boulevard Malesherbes
Expositions Permanentes d'Artistes Modernes
Editions d'estampes à tirage limité

GEO. ROUARD
34 Ave de L'OPERA

Encarts publicitaires de Paul Guillaume dans Le Crapouillot, 16 février 1921. Paris, Bibliothèque nationale de France.

installe son bureau. Il décide d'optimiser les espaces trois ans après son installation : « Les petits travaux à ma galerie sont presque terminés = mon bureau sera un peu plus grand ; la salle d'Exposition diminuée de ce que le bureau lui aura pris – la vitrine sera plus large – la porte plus petite. Tout cela sera plus clair, plus net. » Mais, le succès grandissant, il trouve sa galerie trop petite et en cherchera une autre à la fin de l'année 1928, sans mettre son projet à exécution [134].

Guillaume exerce son œil, montrant côte à côte arts africains, tableaux anciens et toiles de l'avant-garde. La vitrine doit refléter ses centres d'intérêt et ses partis pris. Il y dispose aussi les catalogues de ses expositions et *Les Arts à Paris*, dont le numéro en cours est parfois ouvert à la page d'un article en rapport avec les œuvres présentées. Il y placera également plus tard les publications de la Fondation Barnes [135]. Un journaliste se souviendra : « Tous les Parisiens connaissent la boutique de la rue la Boétie où une devanture toujours pittoresque assemblait des masques nègres, des bijoux éthiopiens et des toiles de Kwapil, Derain, Vlaminck, Chirico, Utrillo [136]. » Les tableaux de la vitrine accrochent effectivement le regard, si l'on en croit le choc esthétique rapporté de belle façon par André Breton : *Le Cerveau de l'enfant*, « de Chirico, [...] ne m'a pas quitté depuis le jour où, exposé rue de la Boétie en vitrine de la galerie Paul Guillaume, il m'alerta au point de m'obliger à descendre d'autobus pour l'examiner à loisir. Des années après que je l'eus acquis, ce tableau devait revenir à la même place à l'occasion d'une exposition.

Le fait que, passant alors par là, lui aussi en autobus, Yves Tanguy – que je ne connaissais pas encore – eût le même réflexe que moi, suffit à douer d'objectivité un tel appel [137]. » Breton acquiert cette œuvre maîtresse de la peinture métaphysique et la garde près de cinquante ans. Tous ses proches, notamment ceux du groupe des surréalistes, la remarquent chez lui. Si Guillaume n'a jamais suivi ce groupe, son commerce n'en a pas moins exercé indirectement une grande influence sur ses membres.

Les courtiers, conseillers et amateurs parisiens aux goûts les plus fins ou les plus touchés par l'avant-garde sont des familiers de la galerie, tels Henri-Pierre Roché, devenu en 1919 le conseiller du grand collectionneur américain John Quinn, l'un des premiers introducteurs de l'art moderne aux États-Unis avant la guerre [138], Jacques Doucet et son conseiller depuis 1920 André Breton, Roger Dutilleul, « collectionneur pionnier », Alphonse Kann… Elle est le point de ralliement d'artistes et de collectionneurs cosmopolites : « Les gens qui achètent ici sont de toutes les nationalités », observe fièrement Guillaume. Les Américains connaissent le chemin de la galerie, comme la famille du collectionneur d'art français Samuel Adolph Lewisohn, le peintre et collectionneur Eugene Gallatin, qui prépare l'ouverture à l'université de New York du premier musée d'art moderne [139], la fondatrice du musée de Toledo venue avec le marchand René Gimpel, lui-même lié aux Wildenstein et beau-frère du marchand Joseph Duveen [140]… À partir de 1922, une fois lié à Albert Barnes,

Guillaume recevra les personnes désirant des informations ou une lettre d'introduction auprès du collectionneur, comme le professeur et critique Lionello Venturi [141], la veuve d'Henri Lapauze, ancien conservateur du Petit Palais et instigateur de l'Exposition internationale des arts décoratifs modernes et industriels de 1925, qui a repris les revues de son mari et ouvert une galerie [142], ou l'historien allemand de l'impressionnisme Julius Meier-Graefe [143].

C'est en effet le richissime scientifique et collectionneur américain Albert Barnes qui deviendra le plus important client de Guillaume à partir de 1922, ce qui augmentera encore la célébrité de la galerie. Il la surnommera d'ailleurs « le Temple », car il la voit comme un véritable lieu de réunion et de dévotion à l'art, et même à tous les arts. Il s'en souviendra avec lyrisme et nostalgie : « Sa petite galerie d'environ 5 mètres carrés, ce musée de la sculpture nègre antique, était La Mecque de tous les créateurs importants, non seulement de France, mais d'Amérique, du Japon, d'Angleterre et de tous les pays continentaux. [...] J'y ai vu en même temps six chefs de tribus africaines aux côtés de quatre chefs des Ballets Russes. En une seule semaine, j'ai rencontré chez Paul Guillaume des peintres, des sculpteurs, des compositeurs, des poètes, des critiques anglais, japonais, norvégiens, allemands, américains, italiens, que je ne connaissais jusque-là que de nom. En fait, tous les grands peintres ou sculpteurs français visitaient régulièrement le Temple. Strawinsky [*sic*], Satie, Auric, Poulenc, Milhaud, Honneger [*sic*] y

Anonyme, *M. Paul Guillaume (Galerie Paul Guillaume, à Paris), 59, rue La Boétie*, photographie publiée dans *Variétés*, 15 novembre 1929. Paris, musée de l'Orangerie fonds Alain Bouvet.

sont longtemps venus pour vénérer l'art nègre dont ils se sont si profondément inspirés [144]. »

Guillaume, infatigable épistolier, dispose d'une machine à écrire pour sa correspondance, qui se développe au même rythme que ses affaires. Il accroche aux murs des souvenirs personnels comme l'affiche de sa « Fête nègre » de 1919 et, pendant un temps, des témoignages de sa relation avec Barnes [145]. Faisant comme toujours imprimer un papier à en-tête pour sa correspondance, il y mentionne *Les Arts à Paris* et y ajoutera en 1923 sa nouvelle fonction auprès de la Fondation Barnes. Il emploiera plusieurs secrétaires successives, jusqu'à l'efficace Mme Leray durant l'été 1927, tandis que Savinio décrira : « Une petite armée bisexuelle de secrétaires et de sténodactylographes est maintenant suspendue aux lèvres de Paul Guillaume, se déplaçant avec une discipline militaire au moindre de ses signes [146]. » Il s'agit là plus probablement d'un entourage ponctuel durant les visites dans les galeries et les salles des ventes, car où les loger dans la galerie ?

Marie Laurencin est rentrée en France et Guillaume se ferait volontiers son représentant, mais elle préfère en avril retrouver Paul Rosenberg et garder ses contacts en Allemagne avec Flechtheim. Entre-temps, le 31 janvier, est annoncé un événement capital pour le marché de l'art moderne parisien et ses collectionneurs, qui doit évoquer bien des souvenirs pour eux : la mise en vente du stock de Kahnweiler, encore sous séquestre, décrétée par l'État français. L'affaire fait grand bruit. Collectionneurs et marchands espèrent acquérir des œuvres invisibles depuis 1914, quasiment historiques, à des prix bien inférieurs à leur valeur [147]. Kahnweiler s'est réinstallé à Paris en février 1920, malgré le fort sentiment antiallemand, et a ouvert une nouvelle galerie rue d'Astorg dans le 8e arrondissement. Il a tenté des démarches auprès de l'État français tout au long de l'année et demandé leur soutien aux artistes qu'il représentait autrefois [148]. Cela s'est retourné contre lui et la liquidation a été confirmée. Léonce Rosenberg, nommé expert des ventes le 29 avril 1921, préférerait espacer les sessions nécessaires à l'écoulement du stock, afin de ne pas faire tomber les prix. Mais l'État attend une compensation financière et ne l'écoute pas.

Une première vente se tient les 13 et 14 juin 1921 à l'hôtel Drouot. Divers incidents émaillent l'événement. Excepté certains des artistes de Kahnweiler, personne n'a voulu manquer la curée et la salle est comble. Y sont présentes des personnes que Guillaume connaît bien comme Basler et Tzara, désormais installé en France, ainsi que Breton, Paul Éluard, lui aussi conseiller de Doucet, et de nombreux marchands européens, collectionneurs et critiques d'art. On constate que Paris devient à nouveau une place centrale du marché de l'art mondial. Guillaume achète au moins une œuvre, un *Homme à la guitare* réalisé par Picasso à Sorgues en 1912. Derain remporte les plus hautes enchères. Guillaume achètera une œuvre de ce dernier, *La Maison rouge*, à la deuxième vente qui a lieu les 17 et 18 novembre. L'architecte Le Corbusier raconte : « Avons participé la semaine dernière aux ventes de séquestre Kahnweiler (toute la peinture cubiste des débuts). Avons acheté les 6 plus beaux Picasso et le plus beau Braque pour un ami. Avons conservé 2 Picasso qui sont chez moi, et un Braque chez Ozenfant tant l'occasion était belle. Le marasme a fait tomber très bas les enchères et cette peinture a été enlevée par des gens comme nous à des prix cinq fois inférieur [*sic*] à ceux pratiqués chez les marchands [149]. » Les œuvres cubistes circulent désormais de manière intense durant les années 1920, ce qui permet à Guillaume d'en acquérir et d'en revendre.

Chapitre 5

La roue de la fortune : la rencontre avec Albert Barnes

1922-1925

C'est très probablement en 1922 que Paul Guillaume fait la troisième rencontre la plus importante de sa vie, celle du collectionneur américain Albert Coombs Barnes, alors de passage en Europe. La clientèle de ce scientifique richissime et les profonds échanges intellectuels qu'ils vont connaître pendant plus de sept ans vont faire de lui un autre homme et lui permettre de développer sa véritable dimension. Né à Philadelphie en 1872, dans un milieu très modeste, Barnes étudie la médecine dans sa ville natale et complète sa formation par des études de chimie à Berlin dans les années 1890, puis à Heidelberg en 1900, fait exceptionnel pour un Américain de sa génération. Il met au point en 1899 avec un chimiste allemand un collyre antiseptique au nitrate d'argent, l'argyrol, et s'occupe des ventes. Ayant racheté les parts de son associé en 1902, il fonde sa propre compagnie et gravit tous les échelons, jusqu'à gagner son premier million de dollars en 1907.

La date exacte et les circonstances de la rencontre de Guillaume avec Barnes restent inconnues. Barnes forme le projet de se rendre à Paris en juin 1921, mais rien n'indique que les deux hommes se soient alors rencontrés [150]. Sa correspondance avec le marchand débute par une lettre de Guillaume et un « statement » – récapitulatif de ventes – manuscrit datés de janvier 1922, peut-être par erreur pour 1923, avant de se développer à partir de juillet 1922. Barnes est donc bien de retour dans la capitale française au mois de juin 1922, durant lequel les deux hommes se voient. Barnes dira s'être réfugié dans la galerie Paul Guillaume, un jour de pluie, rue La Boétie. Il n'arpente pas cette artère de la vieille Europe peuplée de marchands d'art par hasard. Il a commencé en 1910 à collectionner des œuvres de Renoir, Van Gogh, Degas et même Picasso, achetées à Paris, notamment chez Durand-Ruel, important marchand des impressionnistes, par son ancien camarade d'école, le peintre William Glackens. Barnes a effectué lui-même quelques séjours dans la capitale française avant 1914, où il a été introduit chez les Stein, ses compatriotes. Il a rencontré Matisse et Picasso ainsi qu'un autre grand marchand des impressionnistes, Ambroise Vollard. Un récit différent voudrait qu'il ait remarqué dans la vitrine de Guillaume une œuvre de Chaïm Soutine, un *Petit Pâtissier* à l'oreille hypertrophiée. Guillaume raconte avoir lui-même découvert cette peinture par hasard, alors qu'il se rendait chez un artiste pour lui acheter une œuvre de Modigliani. Il aurait alors acheté les deux œuvres et placé le Soutine dans sa vitrine [151]. Barnes serait entré dans la galerie et aurait fait la connaissance de Guillaume, qui l'aurait emmené chez Zborowski. Ce dernier avait recueilli Soutine, impécunieux et insociable, à la demande de Modigliani [152]. Mais quoi qu'il en soit, Barnes est enthousiaste et achète *Le Petit Pâtissier* pour 3 000 francs, bien que les paysages et natures mortes de Soutine valent de 400 à 800 francs, ainsi que cinquante-deux œuvres de l'artiste, sans doute lors de son second séjour en décembre 1922 [153] !

Barnes projette de construire une fondation artistique sur la côte est des États-Unis, dans sa ville de Merion, en banlieue de Philadelphie, sur le terrain du Wilson Arboretum qu'il vient d'acquérir. Il s'en ouvre à Guillaume et lui détaille son programme dans deux lettres successives à l'automne 1922 : construction d'une nouvelle résidence et d'une immense galerie destinée à recevoir des tableaux impressionnistes et modernes, ouverture de cette dernière au public et aux étudiants trois jours par semaine, et ouverture de l'arboretum aux étudiants [154]. Car Barnes est un philanthrope, engagé pour l'égalité raciale, soucieux d'éduquer les employés de ses usines et notamment les Africains-Américains. À ce titre, la reconnaissance de l'art africain et la constitution d'une collection dans ce domaine sont pour lui une véritable cause [155]. Cette largeur de vue ne peut que fasciner Guillaume, conquis par tant de volonté et d'exigence intellectuelle. Il entrevoit certes une possibilité inespérée de développer son commerce, sa galerie, et de gagner du prestige et de l'argent. Mais on ne peut écarter le fait

Angelo Pinto, *Albert C. Barnes devant* La Leçon de musique *d'Henri Matisse, de 1917, acquis en 1923 grâce à Paul Guillaume*, vers 1946. Photographie.
Philadelphie, Fondation Barnes.

qu'il soit séduit par le projet de la fondation, la recherche des œuvres qui doivent y figurer et ses buts éducatifs. Ouvrir un tel musée de manière pérenne, c'est faire œuvre de pionnier et laisser sa trace dans l'Histoire.

Barnes se rend désormais à Paris deux fois par an, le plus souvent en juin et en décembre, avec sa femme Laura, issue d'un milieu aisé de Brooklyn, qu'il a épousée en 1901. Ils descendent à l'Hôtel Mirabeau, 8, rue de la Paix, et plus tard à l'hôtel Royal Monceau, avenue Hoche [156]. Guillaume prépare désormais soigneusement le séjour de son client dans la capitale, se renseigne et prend des rendez-vous, et les deux hommes visitent musées, galeries et collections privées. Ils rejoignent leurs épouses pour dîner chez Guillaume ou au restaurant, vont au spectacle, et parcourent parfois ensemble des régions de France. Barnes n'oublie pas selon les années de saluer les employés de Guillaume, Léon et la cuisinière Marie, ou de laisser un pourboire à sa concierge et une caresse au chien Mocha. Les deux hommes échangent longuement leurs vues sur l'art ancien et la reconnaissance de l'art moderne et de l'art africain.

Guillaume, ravi de sa nouvelle galerie, multiplie les expositions monographiques en 1922. Il montre d'abord des œuvres de Leonardi, peintre d'origine sicilienne vivant en Bretagne, présenté par Max Jacob, auteur du catalogue. Le marchand sait encore présenter des artistes moins connus et prendre des risques, tout en testant la réaction des amateurs et du marché. De même, il expose plus tard dans l'année des œuvres du peintre Simon Mondzain, Juif d'origine polonaise installé à Paris depuis 1909 et devenu récemment membre sociétaire du Salon d'Automne.

Du 21 mars au 1er avril, il retrouve ses premières amours et organise sa première exposition dédiée à Giorgio de Chirico. Elle se veut ambitieuse et rassemble plus d'une cinquantaine de toiles, dont de nombreux chefs-d'œuvre de la période métaphysique parisienne, mais aussi *Le Revenant*. C'est un événement considérable dans les milieux d'avant-garde. Guillaume confie la préface du catalogue à Breton, fasciné par l'œuvre de l'artiste ; c'est une reprise de son texte déjà publié dans la revue *Littérature* de janvier 1920. Puis, du 27 mai au 10 juin, se tient une exposition Robert Delaunay. C'est très probablement en souvenir d'Apollinaire et pour rappeler le récent retour de l'artiste en France que Guillaume organise cette manifestation un peu singulière dans sa trajectoire. Il réunit trente et une œuvres de l'artiste, majoritairement datées de la décennie 1910, mettant en valeur ses vues de l'église Saint-Séverin, ses disques colorés ou encore ses fenêtres.

Barnes est donc en France avec sa femme au début de l'été 1922 et, parmi ses premiers achats par l'intermédiaire du marchand, achète pour 22 500 francs *Les Trois Sœurs à la table de marbre rose*, l'un des panneaux du triptyque de Matisse que Guillaume avait exposé en 1918 [157]. Au fil de leur correspondance, les relations entre Barnes et Guillaume, tissées de discussions sur les artistes, l'art africain et ses collectionneurs, les projets de la fondation, les publications de revues et d'ouvrages des deux côtés de l'Atlantique, la gastronomie française et les bons vins, les chants africains et le « ballet nègre » de Darius Milhaud, s'approfondissent peu à peu. Barnes devient une figure presque paternelle pour Guillaume [158]. Le ton se fait plus intime entre les deux hommes qui trouvent une réelle connivence intellectuelle. Ils parlent également d'automobiles et Guillaume admire la « Packard 12 cylindres [159] » de son client. Un humour retenu, parfois débridé, apparaît dans leurs échanges.

Se dessine alors une stratégie commerciale commune, aux rôles bien répartis, qui se poursuit tout au long de la décennie. Barnes est un homme d'affaires redoutable et patient. Il sait se montrer tatillon et examine chaque poste financier également. Guillaume va désormais mettre son œil aiguisé à son service, prospecter pour lui, sans toujours se dévoiler, et lui proposer des œuvres. L'ambition de Barnes n'est rien de moins que se constituer la plus belle collection d'art moderne et d'art africain des États-Unis. Guillaume mobilise alors sa connaissance des collections privées et ses réseaux commerciaux à travers l'Europe. Il met en avant ses propres artistes présents ou passés tels que Chirico, Derain, Modigliani et Soutine, mais doit aussi trouver des œuvres remarquables de Matisse et de Picasso ainsi que des maîtres anciens et des impressionnistes.

Guillaume promet à Barnes d'aller voir les galeries de Paul Rosenberg, Durand-Ruel et Barbazanges et de lui rendre compte de ses trouvailles. Il lui laisse entendre que les frères Bernheim seraient exceptionnellement disposés à lui céder des œuvres de leur collection privée [160]. Barnes souhaite aussi approcher Vollard. Guillaume, quant à lui, est toujours en contact avec les trois fils de Renoir qui disposent de nombreuses œuvres de leur père, et les sollicite. Parmi les prospections en dehors de la France, Guillaume propose de « faire quelque chose en Allemagne où se trouvent plusieurs collections, sans oublier – toutefois – qu'ils ne vendent que très difficilement et en monnaie étrangère ». Il suit depuis longtemps les mouvements des œuvres d'art moderne entrées outre-Rhin avant la guerre. Il propose aussi à Barnes des œuvres conservées en Suisse, grâce à ses liens avec Félix Vallotton, qui agit comme courtier [161], peut-être pour son propre frère Paul qui tient la succursale de la galerie Bernheim-Jeune à Lausanne.

Durant plus de sept ans, Guillaume agit pour Barnes comme intermédiaire moyennant une commission, le plus souvent de 5 % du prix d'achat, ou lui vend directement des œuvres. L'Américain constitue sa collection d'une centaine d'œuvres africaines auprès de lui en deux ans. Guillaume lui révèle qu'il acquiert parfois des lots de plusieurs dizaines d'objets africains, dont il ne garde que les meilleurs et revend le reste à l'hôtel Drouot. Barnes veut en savoir plus sur les arts d'Afrique et lit beaucoup à leur sujet. Guillaume lui dessine par exemple une carte du Congo français, une arme africaine, ou détaille le nom de tribus bushongo, dans certaines lettres, pour préciser la provenance de certains objets [162]. En effet, pour ses premiers achats grâce au marchand, le collectionneur jette son dévolu sur des toiles de Derain et des « bois nègres ». Il achète en sus des œuvres de Soutine, Matisse, Utrillo, des dessins de Modigliani et un Van Gogh provenant du docteur Gachet. Barnes souhaiterait enfin acquérir une œuvre de Degas de la collection du docteur Georges Viau – un dessin ? –, mais Viau ne souhaite pas vendre.

En ces premiers mois de leur entente, Guillaume propose à Barnes diverses toiles en sa possession ou provenant d'autres collectionneurs, comme un Manet, « Jeune Femme », appartenant à un marchand et estimé à 220 000 francs [163]. Le prix est comparable à celui d'une toile de Cézanne que Vollard vend 200 000 francs dans les mêmes années et illustre la valeur énorme atteinte par les œuvres impressionnistes à cette époque [164]. Une nature morte de Derain vaut alors 19 000 francs. Mais Barnes est de retour à Paris durant le mois de décembre et se met en tête d'acheter à Vollard sa version des *Joueurs de cartes* de Cézanne de 1890-1892, à cinq personnages. Le marchand refuse son offre de 600 000 francs alors que l'œuvre pourrait figurer dans « la plus importante collection moderne du monde », la sienne ! Barnes n'en démordra pas et parviendra à ses fins trois ans plus tard pour 1 million de francs [165].

Le circuit de livraison s'établit ainsi : Guillaume expédie aux États-Unis les œuvres acquises par Barnes par son intermédiaire. La traversée est effectuée grâce au transporteur maritime Arthur Lénars. La cargaison est embarquée au Havre directement pour Philadelphie.

Un emballeur spécialisé, comme la maison Pottier, 14, rue Gaillon près de l'Opéra, doit protéger les œuvres. Le marchand est bientôt chargé d'expédier aux États-Unis la pierre de Pouillenay, provenant de Bourgogne, destinée à la construction de la fondation, qu'il a conseillée à Barnes. Le bâtiment est dessiné par Paul Cret, un architecte français formé aux Beaux-Arts de Paris [166]. Enfin, Guillaume entre en relation avec les sculpteurs Zadkine et Lipchitz, pressentis pour réaliser des ornements destinés à l'édifice.

Guillaume doit auparavant trouver des cadres pour toutes les peintures et réaliser pour son client les cartels des œuvres, tableaux ou objets nouvellement acquis, et les faire photographier. Quant aux pièces africaines, elles doivent être montées sur un socle. Le marchand fait appel, comme pour lui-même, à un virtuose en la matière, le sculpteur japonais Kichizo Inagaki, établi à Paris, qu'il a sans doute rencontré grâce à Brummer. Ainsi mis en valeur, les objets changent de nature et acquièrent un aspect muséal. Inagaki, formé comme sculpteur sur pierre à l'École des beaux-arts de Tokyo, s'installe à Paris en 1906. Réduit à réaliser de petites sculptures pour subsister, il est remarqué par des marchands et antiquaires comme Brummer [167]. Il travaille pour Rodin de décembre 1912 à 1916, pour socler ou encadrer les fragments égyptiens antiques du maître [168]. Celui-ci apprécie ses socles en bois exotique très raffinés, qui tranchent avec les piédouches en pierre du XIXe siècle, de mise jusqu'alors pour disposer les petites sculptures et les objets. Car Inagaki « est également à l'origine d'une finition de bois tout à fait particulière faisant apparaître un léger veinage, le plus souvent blanc, mais qui pouvait aussi être rouge, vert, or ou argent[169] ». Il travaille pour Guillaume sans doute dès 1917, car on remarque dans l'album *Sculptures nègres* des pièces dont le socle rappelle les siens. Le marchand reconnaît chez lui une réflexion semblable à la sienne, traduite par un travail extrêmement soigné et réfléchi de mise en valeur de pièces de formats parfois très différents. Sans doute Inagaki travaille-t-il de la même manière qu'avec Rodin : il prend tout d'abord les mesures des objets à socler puis travaille dans son atelier avant de revenir terminer le montage des pièces chez leur propriétaire. Il signe ses réalisations de son sceau, indiquant en idéogrammes japonais son nom d'artiste Yoshio. Il travaille aussi pour les nouvelles galeries d'art africain ouvertes à Paris dans les années 1920[170].

Guillaume ouvre le 23 octobre une exposition de trente-cinq œuvres de Maurice Utrillo, qu'il a préparée en septembre en achetant une quinzaine de tableaux de l'artiste[171]. Le peintre montmartrois, qu'il a connu au début des années 1910 grâce à Max Jacob, est le fils de Suzanne Valadon, artiste peintre et modèle, proche autrefois de Renoir, Toulouse-Lautrec, Degas et Satie. Montmartre, dont Utrillo connaît chaque rue et côtoie tous les artistes depuis son enfance, lui fournit le sujet de centaines de tableaux. Sa plus belle production, sa « période blanche » des années 1912-1914, est cependant déjà dépassée. Malade et alcoolique, il ne peut pas toujours travailler sur le motif et recourt parfois à des modèles issus de cartes postales. Ses vues de Paris séduisent pourtant les amateurs et l'exposition marque pour lui le début du succès. Guillaume apprécie les œuvres de sa première période et en garde une dizaine pour lui.

Il signe aussi un nouveau contrat d'exclusivité avec Derain. Quelle réussite pour lui de garder l'artiste à la notoriété toujours croissante ! Le marchand recherche activement ses œuvres, très en vogue sur le marché de l'art parisien et maintenant convoitées par Barnes. Il achète l'un de ses paysages anciens à la troisième vente Kahnweiler le 4 juillet 1922. L'inspiration de Derain se modifie radicalement en ces années d'après-guerre. Il abandonne le fauvisme ou le hiératisme du début du siècle pour peindre sous l'influence des maîtres anciens. Ses séjours dans le Midi lui inspirent des paysages solaires, de petit format, proches de Corot, tandis que ses larges natures mortes sombres rappellent le Siècle d'or hollandais ou espagnol. Enfin, ses nus généreux et réalistes évoquent Rubens, Courbet ou Renoir. L'amitié entre Guillaume et Derain s'approfondit. Peut-être le jeune homme voit-il en l'artiste une figure paternelle qui lui a manqué. S'ouvre alors l'une des périodes les plus fécondes de Derain, qui peint de 1925 à 1934 plus de sept cent cinquante tableaux et produit plusieurs milliers de dessins. De 1924 à 1934, plus de sept cents d'entre eux passent par les mains de Guillaume qui prise ses réalisations les plus récentes, ainsi que les portraits de Geneviève, la nièce d'Alice Derain, à laquelle l'artiste voue une grande affection [172]. Les deux hommes partagent aussi la même passion pour les belles voitures.

Derain possède une Lorraine-Dietrich, comme le marchand à un moment, puis des Bugatti. Guillaume rend visite à son ami à la campagne dans l'une de ses Hispano-Suiza.

Juliette est associée au tourbillon de vernissages et de réceptions autour de la galerie, rencontre les différents milieux artistiques qui lui sont associés et sait plaire à ses hôtes. Loin de faire de la figuration, elle est une véritable partenaire pour Guillaume, ce qui n'échappe pas à Barnes, qui fait aussi la connaissance de son frère [173]. Elle est pour Doucet « la charmante Madame Guillaume [174] ». Juliette et Laura Barnes s'écrivent parfois directement [175], mais les sujets abordés sont différents de ceux de leurs maris. Laura Barnes donne des nouvelles de ses jardins. Juliette se procure un dictionnaire afin de pouvoir lui écrire en anglais au sujet des « bonbons américains ». Elle ne perd pas une occasion de lui faire plaisir et lui expédie par exemple en 1923 « le chapeau bleu qui lui faisait envie ». Guillaume dédicace à Laura Barnes le tirage photographique de l'un des masques fang pris par Man Ray. Le photographe a réalisé plusieurs clichés de masques appartenant au marchand, mais leurs relations restent inconnues [176]. Les Guillaume se rapprochent aussi du couple Delaunay. En novembre 1922, Sonia Delaunay propose un projet de robe pour Juliette, à moins que Guillaume, se rappelant les costumes colorés qu'elle a créés en 1913, ne l'ait lui-même commandée [177]. Elle dessine une robe longue moderne, sans manches, au corsage strié de vert, de noir et de blanc, et une jupe plissée noire. La femme qui la porte ne

Anonyme, *Paul Guillaume à côté de l'une de ses Hispano-Suiza*, fin des années 1920 – avant 1935 ? Photographie. Paris, musée de l'Orangerie, fonds Alain Bouret. Paul Guillaume avait la passion des belles automobiles. Il céda en 1926 une Lorraine-Dietrich à Zborowski contre des tableaux et acquit deux Hispano-Suiza au temps de sa splendeur.

Anonyme, *André Derain à côté de sa Bugatti*, fin des années 1920. Carte postale photographique. Paris, musée de l'Orangerie, fonds Alain Bouret. Derain, passionné d'automobile, posséda plusieurs Bugatti.

peut qu'être remarquée. C'est l'époque où l'artiste reprend ses couleurs pour dessiner des « robes-poèmes » destinées à des spectacles et bals Dada [178].

Si Guillaume a un nouveau client américain prestigieux, il est toujours en relation avec Zayas et également Brummer à New York, auquel il envoie « quelques tableaux et des bois nègres » à exposer dans sa galerie en novembre et décembre 1922. Les pièces non vendues doivent lui être renvoyées aussitôt, et il le signale à Barnes au cas où ce dernier voudrait les voir et en acheter avant leur retour [179]. Le collectionneur se rend effectivement à New York avec Glackens [180]. Guillaume lui envoie les prix des œuvres, dont quatorze objets africains, parmi lesquels se détachent un « Groupe » du Niger pour 30 000 francs et un « Masque Côte d'Ivoire » pour 9 000 francs. Quatre tableaux oscillent entre 3 500 et 5 000 francs. Barnes achète directement quelques objets et un Soutine à Guillaume, sans passer par Brummer.

Le collectionneur retourne en France à la fin de l'année et souhaite avoir quelques tableaux de maîtres anciens. Guillaume lui trouve notamment un Claude Lorrain, « deux petits Hollandais », un « petit primitif franco-Italien [181] », et lui procure des Modigliani auprès de Zborowski, qui lui vend encore des œuvres de Soutine et d'Utrillo. Les toiles de Modigliani, vendues aussi par d'autres marchands, valent de 18 000 à 20 000 francs. Barnes reprend enfin le bateau, nanti de… plusieurs faisans tués ou confiés par Léon, l'employé de Guillaume, ce qui agrémente ses menus pendant la traversée du retour [182] ! Le marchand avise Barnes qu'il a ouvert un compte à New York, peut-être dès 1914 lors de ses projets avec Zayas, et qu'il aimerait y percevoir en dollars toutes les sommes qui lui sont dues. Il ferait alors lui-même au préalable les paiements en francs auprès des vendeurs. Le franc se dévalue régulièrement depuis la fin de la guerre, ce qui n'était jamais arrivé de sa création jusqu'à 1914, et l'inflation grimpe parallèlement. Barnes achètera par exemple en dollars, en 1924, une toile de Renoir qui représente un « homme avec ses chiens dans une forêt ». Peut-être le *Portrait d'Alfred Bérard avec son chien* de 1881, maintenant au musée de Philadelphie [183] ?

Conquis par son dynamisme et ses convictions, Barnes choisit Guillaume pour accueillir l'exposition d'une partie de ses achats récents, une douzaine de jours au début de l'année 1923, avant leur envoi aux États-Unis. Est-ce le marchand qui lui a soufflé cette idée ? Une fois la chose acceptée, il fait savamment monter l'attente autour de la manifestation qui doit ouvrir le 22 janvier : « Toute l'humanité artistique d'ici est très excitée et par les chiffres et par les choses. On croit que vous avez acheté chez moi pour des millions – je m'amuse à ne rien démentir – et l'effet est irrésistible. Quant aux objets nègres, je suis incapable de répondre à la demande ; c'est une collection de trois cents pièces que l'on veut maintenant. C'est de la folie [184] ! » Il faut aussi trouver des cadres à quatre-vingt-dix-neuf toiles ! Guillaume s'adresse à Odilon Roche, « Cadres anciens et modernes. Encadrements ; Antiquités », dont la boutique est sise au 4, rue Victor-Massé. La maison existait-elle déjà lorsque Guillaume habitait à proximité, ou Berthe Weill lui a-t-elle suggéré cette adresse voisine de sa galerie ? Il est vrai que le marchand est en relation avec elle, car elle lui propose des Van Gogh à l'intention de Barnes [185]. Il s'agit d'équiper entre autres cinquante-quatre œuvres de Soutine, huit de Kisling, cinq de Modigliani, trois d'Utrillo, une de Derain et deux de Lotiron. Tous les cadres sont les mêmes : des « encadrements baguette Louis XVI à perles dorées » parfois agrémentés de rubans et rais-de-cœur. Neuf cadres supplémentaires n'ont pas encore de « destination fixe ». Quelques rentoilages et mises sur châssis sont à prévoir [186].

L'exposition se veut un manifeste de l'art moderne et on y voit des œuvres des artistes cités plus haut, ainsi que d'autres de Matisse et Chirico, d'autres encore d'Irène Lagut, Jules Pascin et Hélène Perdriat, et d'artistes d'origine russe : Alexis Gretchenko, les sculpteurs Lipchitz et Zadkine. On y voit aussi des œuvres d'artistes disparus, mais « parmi les meilleurs » : Manet, Redon, Renoir et Van Gogh, et aussi Daumier, et trente-cinq objets africains. Ces objets ont tous été achetés grâce à Guillaume ; deux listes d'achats de novembre et décembre 1922 envoyées à Barnes, comprenant en tout cent trois pièces, subsistent. Les pièces les plus chères sont un « Grand siège Congo » estimé à 15 000 francs, une « Grde Statue » de Côte d'Ivoire à 13 500 francs, une « Statue Gabon (Pahouins) » à 9 000 francs, une « idole double Côte d'Ivoire » à 8 000 francs ;

quelques-unes vont de 6 000 à 4 000 francs, la plupart valant quelques centaines de francs. Une « figurine » du Gabon moins chère provient de Fénéon. Là aussi, Guillaume a acheté des objets pour Barnes moyennant une commission, et lui en a vendu d'autres directement. L'exposition présente également les plans de la fondation, ce qui suscite de nombreuses questions et permet au marchand d'expliquer avec enthousiasme aux visiteurs les projets de Barnes et le rôle qu'il joue dans la constitution de sa collection.

Dès l'ouverture, artistes, amateurs et journalistes se bousculent. Guillaume a disposé des œuvres africaines lui appartenant parmi celles de Barnes ; Jacques Doucet, venu deux jours de suite à sa grande fierté, en fait mettre de côté et l'invite à venir parler du projet chez lui. Le marchand ne craint pas d'écrire à Barnes : « La chose prend ici une ampleur énorme. » Marchands et peintres sont jaloux. Kahnweiler écrira plus tard dans l'année à Barnes, lui rappelant qu'ils se sont connus avant la guerre et qu'il dispose toujours d'œuvres de ses anciens poulains Braque, Picasso, Derain et Vlaminck, tout en s'étonnant que le collectionneur n'achète que chez Guillaume [187]. La cote de Soutine explose. La curiosité est à son comble et « des japonais, des américains, des anglais, des italiens demandent ce que c'est que la Fondation [188] ». Guillaume ne ménage pas sa peine pour faire connaître l'exposition, prolongée du 3 au 9 février, en sollicitant divers journaux français et étrangers. Satisfait de ses efforts et de son enthousiasme, Barnes lui écrit qu'il le nomme « secrétaire Étranger de la Fondation » tout en lui proposant une plaque à son nom dans le futur bâtiment. Guillaume est ébloui. Le collectionneur lui propose en outre d'écrire un article sur l'art africain, plutôt qu'à Marius de Zayas auquel il avait tout d'abord pensé, et Guillaume s'exécute [189]. Barnes surnomme maintenant Paul « Po-po » et Juliette « Mme Po-po ». Grâce à cette association, le marchand accède à la célébrité de l'autre côté de l'Atlantique et à l'aisance financière dont il a toujours rêvé.

Guillaume gagne encore davantage la confiance de Barnes en lui signalant plusieurs œuvres importantes déjà passées par ses mains, conservées à Copenhague chez le collectionneur et marchand danois Christian Tetzen-Lund, et en négociant leur achat. Ce dernier a notamment racheté en 1917 une partie des Matisse de Michael et Sarah Stein, menacés de saisie en Allemagne après l'entrée en guerre des États-Unis [190]. Guillaume le convainc durant l'hiver 1922-1923 de vendre pour 45 000 francs une grande toile de Matisse, *Le Bonheur de vivre* de 1905-1906. Léo Stein l'avait acquise directement auprès de l'artiste au Salon des Indépendants et l'avait accrochée dans son appartement partagé avec sa sœur Gertrude, rue de Fleurus. Il y voyait l'œuvre la plus importante de son temps [191]. Les Stein l'avaient probablement déposée chez Bernheim-Jeune durant la guerre, puis cédée à Guillaume en 1919, lequel l'avait aussitôt revendue à Tetzen-Lund. Les prix ont doublé depuis : « [...] j'ai dû vendre ce tableau à Lund 25 000. Il en demande 50 aujourd'hui[192]. » Cette œuvre vue aujourd'hui comme un véritable tournant de l'art moderne est une prise de choix. Barnes accepte parallèlement dès l'automne 1922 que Guillaume achète pour lui à Tetzen-Lund « le grand Picasso "arlequins" », *Acrobate et jeune arlequin* de 1905[193]. Mais les négociations s'étalent sur plusieurs mois en 1923 et 1924. Le marchand avait exposé cette œuvre en janvier 1918, avant de la publier dans le numéro 4 des *Arts à Paris* du 15 mai 1919 puis dans la revue *Action* en mars 1920[194], et enfin de la vendre à Tetzen-Lund. Il pense acheter la toile de Picasso « à 45 », soit 45 000 francs. Il estimait en 1921, peut-être au moment de la céder, qu'elle pourrait valoir un jour 100 000 francs ! Le Danois écrit par ailleurs directement à Barnes, mais ce dernier prétend ne pas être intéressé et charge Guillaume de se rendre pour lui à Copenhague, sans se dévoiler[195].

Guillaume voit durant l'hiver 1922-1923 Tetzen-Lund à Paris. S'il remporte donc l'affaire pour le Matisse, ce n'est pas le cas pour le Picasso. Le collectionneur danois n'accepte finalement de le vendre qu'en septembre 1924 pour 135 000 francs et Guillaume en est fier : « Je suis très content d'avoir enfin réussi à acquérir ce grand Picasso [...] à un prix malgré tout très avantageux si l'on tient compte de la rareté et de l'importance d'une telle œuvre. » Par un hasard amusant, il rencontrera Picasso « en chair » le jour même où la transaction sera acceptée[196]. Tetzen-Lund pose un peu plus tard comme condition de la vente l'acquisition supplémentaire par

Acrobate et jeune Arlequin de Picasso, de 1905, alors dans la collection de Paul Guillaume, en regard d'un texte sur « l'art nègre », dans *Les Arts à Paris*, n° 4, 15 mai 1919. Paris, musée de l'Orangerie, fonds Alain Bouret. Paul Guillaume vendit l'œuvre à Walther Halvorsen puis la racheta pour Albert Barnes.

Guillaume de trois Van Gogh pour 30 000 francs et le rachat d'objets africains acquis chez lui. Le marchand décide finalement d'acheter pour son propre compte d'autres œuvres de Matisse et de Picasso appartenant au Danois : « quatre Matisse dont deux très grands et sensationnels – et des Picasso bleus très rares ». Il ne peut régler ses propres achats en une fois et obtient après négociation un paiement échelonné mais avec des intérêts. Tetzen-Lund est coriace : c'est pour Guillaume un « vieux renard ». Juliette étant malade, il ajourne un déplacement prévu à Copenhague et fait finalement envoyer à part *Acrobate et jeune arlequin* directement du Danemark à Philadelphie. Ce n'est qu'alors que Tetzen-Lund comprend que le marchand achetait le Picasso pour Barnes et en est furieux [197].

Guillaume avise Barnes en 1923 de la possibilité d'acquérir auprès du collectionneur Auguste Pellerin plusieurs œuvres impressionnistes importantes – une version des *Joueurs de cartes* et un portrait du critique Gustave Geffroy de Cézanne, pour 500 000 francs chacun –, ou une version des *Baigneuses* de Renoir appartenant au peintre Jacques-Émile Blanche. Ce dernier voudrait avoir des devises étrangères, tout comme Guillaume ou Pellerin, mais demande des sommes très élevées pour les œuvres qu'il possède. Barnes n'achète finalement aucun de ces trois tableaux [198]. Il jette son dévolu sur une autre version des *Baigneuses* de Renoir encore conservée par ses fils, mais ceux-ci en font don à l'État français au printemps 1923. Guillaume déniche enfin pour lui une autre version, appartenant à Halvorsen, et lui propose d'aller voir ce dernier lorsqu'il fera son séjour à Paris en juin. Selon lui, Barnes est très attendu par les artistes – « Tout Montparnasse bruisse d'impatience » –, ainsi que par « les esthéticiens de toute sorte et les truands de tout acabit ». Le collectionneur acquiert les *Baigneuses* d'Halvorsen pour 15 000 francs, beaucoup moins que ce que demandait Blanche [199]. Il achète aussi au Norvégien grâce à Guillaume une magnifique toile de Matisse, *La Leçon de musique*, peinte en 1917 à Issy-les-Moulineaux, seconde version d'une œuvre plus abstraite sur le même sujet. Le marchand trouve alors deux autres maisons d'encadrement, Barnes étant mécontent d'Odilon Roche, et s'adresse à Henri Laurent, 5, rue Barthélemy « près l'avenue de Breteuil », et à la maison C. Leim, « 34 rue Pétrelle (au coin de la rue Rochechouart) Encadrements artistiques. Spécialité de cadres gothiques du XVIe siècle à nos jours & de tous styles. Meubles dorés et peints [200] ».

Barnes souhaite publier un catalogue de sa collection et demande à Guillaume de se mettre en relation avec son illustre confrère Vollard, auquel il pense pour la préface. Il lui propose aussi de transformer l'article qu'il lui avait demandé en un essai pour le catalogue. Guillaume lui envoie avec fierté son texte au mois de mars : « African Art at the Barnes Foundation ». Il lit auparavant un article de Zayas sur « l'art nègre » paru dans *The Arts*, envoyé par Barnes, où sont reproduits des objets lui appartenant. Ses dernières affaires financières avec Zayas sont en train de se régler [201]. Barnes se dispute peu après avec Charles Sheeler, venu photographier sa collection d'art africain à l'intention de ce dernier. Le photographe demande en effet à Barnes de l'argent pour avoir des tirages de ses propres œuvres. Guillaume accueille à son tour froidement Zayas lors de l'une de ses visites à la galerie. Ce dernier le sollicite pourtant pour le mettre en relation avec une riche héritière américaine de la famille Vanderbilt, « Flora Paynes [*sic*] Whitney », désireuse de monter une exposition de « peintures modernes et de sculptures nègres[202] ».

L'aisance financière retrouvée et cette actualité renouvelée permettent à Guillaume de relancer avec ambition *Les Arts à Paris*, interrompus depuis deux ans, dont le numéro 7 de janvier 1923 est dédié à l'exposition de la collection Barnes et au projet de la fondation. Guillaume rédige la plupart des articles sous divers noms et détaille la publication à Barnes avant de lui en envoyer les épreuves. De très nombreuses reproductions illustrent maintenant les articles. Le succès de l'exposition est tel que désormais toute la journée les curieux défilent à la galerie en demandant comme une faveur qu'on leur vende le numéro[203].

Barnes fait reprendre en avril l'exposition de sa collection à l'Académie des arts de Philadelphie, mais sans les œuvres africaines, peut-être encore trop audacieuses pour cette cité. L'un des membres du comité officiel lui fait observer par ailleurs qu'exposer des nus serait trop choquant. À sa grande déception, l'exposition qui présente soixante-quinze peintures, dominées par *Le Bonheur de vivre* de Matisse, est très mal reçue par la critique, même si elle est plus appréciée du public et spécialement des artistes venus la voir[204]. Il décide alors de filtrer les visiteurs de sa future fondation, en dehors des étudiants, et elle se révélera effectivement difficilement accessible.

Chapitre 6

Le marchand tous azimuts et les débuts de sa collection

1922-1925, suite

Guillaume apparaît comme une autorité reconnue de l'art africain dès cette période, si l'on en juge par exemple par une expertise délivrée le 20 février 1923 à une « Madame Felder » : « Ce petit masque en or que vous possédez est une œuvre authentique et originale du Mossi (Côte d'Ivoire) il est en or vierge du pays et appartient au point de vue artistique à l'époque classique présumée du XVIIIe siècle. C'est un objet extrêmement rare dans le pays et on n'a jamais eu en France que très peu d'objets de ce genre. Il n'y en a pas à ma connaissance au Musée du Trocadéro [205]. »

La programmation de la galerie est éclectique. Guillaume y montre à la fin du mois de mars 1923 des maquettes de décors et costumes du théâtre Kamerny de Moscou, fondé en 1914, qui donne alors des représentations à Paris au Théâtre des Champs-Élysées. Leur auteur est sans doute Alexandra Exter, artiste russe amie de Serge Férat et d'Apollinaire, qu'il

(Collection Paul Guillaume)

L'ART NÈGRE

Une nouvelle révélation est venue enrichir le trésor où l'homme contemple la somptuosité de son passé esthétique, où il va puiser ses grandes émotions d'art. Ce sont des peintres, des écrivains, des poètes de France, de ce mouvement dit « d'avant-garde », qui attirèrent l'attention du monde entier sur cette découverte.

Déjà les ethnographes, les anthropologues avaient eu connaissance de ces singulières effigies rapportées pêle-mêle avec mille impedimenta du folklore africain, mais ils n'y avaient jamais discerné autre chose que le pittoresque ou l'anecdote ; bien mince attrait auprès de la haute importance artistique qu'y considèrent les connaisseurs raffinés d'aujourd'hui...

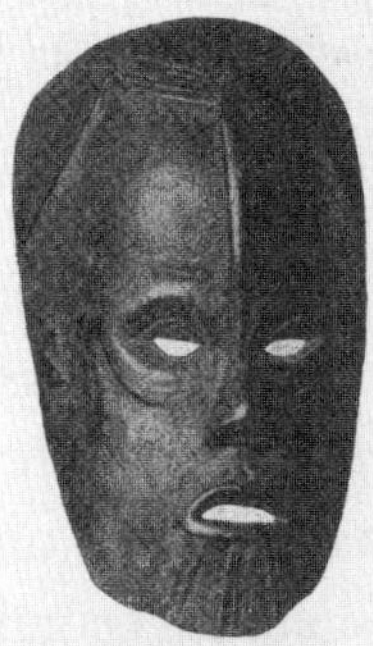

L'art des noirs offre à notre délectation la plus savoureuse et la plus troublante expression du mystère. Ce même mystère qui plane sur l'âme de tout un peuple, jadis dominateur et magnifique — peuple de rois, peuple de prêtres, peuple de croyants...

Ces magiciens, ces enchanteurs, ces sorciers, ces féticheurs qui — voici des millénaires — de l'Oimba au Kouara firent surgir des sombres essences de bois ravies à la forêt les subtiles et angoissantes images qui nous réjouissent, nous dévoilent le lyrisme et le drame d'une civilisation grande, simple et belle...

Un champ de beauté sans limite s'ouvre devant nos yeux émerveillés.

Le snobisme dont il ne faut point médire a déjà frôlé de son aile ce

— 58 —

Paul Guillaume, « L'art nègre », *Paris, l'an neuf*, 1923. Paris, musée de l'Orangerie, fonds Alain Bouret. L'un des nombreux articles de Paul Guillaume, qui chercha toujours à faire reconnaître l'art africain et à en publier des œuvres souvent issues de sa collection.

(Collection Paul Guillaume

champ où seuls les chercheurs et les curieux passionnés se rencontraient il y a encore très peu d'années. Un amatorisme est né, auquel l'avenir devra des collections tenant compte de l'arrangement et du choix, des classifications d'époques et de mérite — se défendant contre l'envahissement de l'objet apocryphe ou vulgaire.

En attendant le Musée définitif que les très futures années verront édifier, une importante collection de Paris va probablement s'ériger en « Essai de Musée nègre ». Elle renseignera les Musées et les Universités de l'étranger qui viennent et viendront de plus en plus puiser à Paris une documentation qui leur est devenue indispensable. Ce n'est pas un mouvement officiel qui a mis à l'honneur l'art des noirs, c'est un mouvement indépendant ; il est juste que celui-ci, maintenant que la route est belle, soit jaloux d'en garder la réputation.

D'ailleurs je ne sais pas si les officiels aiment l'art des noirs, mais je suis certain d'une chose, c'est que l'art nègre, qui est mon ami, n'aime pas les officiels.

PAUL GUILLAUME.

a connue à Paris avant la guerre, et qui était retournée en Russie. Guillaume confie le catalogue à un critique, journaliste et homme de lettres d'origine polonaise, établi en France, Waldemar-George. Ce dernier dirige depuis 1920 la revue *L'Amour de l'art.* Guillaume le recommande aussi à Barnes et ce dernier lui confie la rédaction d'un ouvrage sur la collection de la fondation. Le marchand expose ensuite des œuvres d'un peintre américain, né aux États-Unis de parents russes : Ben Silbert. Arrivé à Paris après la guerre afin de poursuivre sa formation artistique, il vit entre la France et l'Amérique. Ses paysages rappellent ceux de Cézanne, tandis que ses portraits peints ou dessinés évoquent ceux de Foujita. Guillaume le garde sous contrat jusqu'en 1928.

C'est à la quatrième vente Kahnweiler des 7 et 8 mai 1923 que Guillaume achète pour 5 000 francs une ou plutôt deux œuvres de Picasso, associées de manière étonnante[206]. Il s'agit d'une toile cubiste, *Guitare, bec à gaz, flacon*[207], qui porte le numéro 360 de la vente. Réalisée en 1913 et de dimensions non standard, elle a en réalité été imaginée par l'artiste comme un volet, monté sur charnière, devant couvrir l'une de ses œuvres plus anciennes, sorte d'autoportrait ouvertement érotique appelé *La Douceur*[208]. On y voit le jeune Picasso allongé sur un lit dans une maison de prostitution avec une femme penchée sur lui dans une posture sans équivoque. Le montage a sans doute été fait à la demande de Kahnweiler, jeu auquel s'est prêté Picasso. Guillaume sépare les deux tableaux et vend l'œuvre érotique en juillet à Scofield

Thayer, poète, éditeur et collectionneur américain alors installé à Vienne. La vente a lieu sous les yeux de Barnes, alors en Europe. Il revend aussi en 1927 l'œuvre cubiste à Camille Goemans, écrivain surréaliste belge installé entre Bruxelles et Paris où il ouvre bientôt une galerie. Ce dernier s'en défait auprès de son compatriote René Gaffé, journaliste et homme d'affaires également ami des surréalistes, collectionneur de tableaux mais aussi d'objets africains [209], qui la revend à son tour en 1937 au photographe britannique Roland Penrose, ami proche de Picasso. Guillaume achète à la même vente le numéro 361, *La Femme à la guitare (Ma jolie)* [210], une toile quasi abstraite de Picasso, caractéristique du cubisme synthétique, réalisée durant l'hiver 1911-1912. Il la revend quelques années plus tard à Marcel Fleischmann, collectionneur de Zurich.

Barnes accomplissant en juin 1923 l'un de ses voyages annuels en Europe, Guillaume lui conseille vivement de se rendre à Grenoble pour y découvrir un musée alors unique en France et prévient son conservateur, Andry-Farcy, de cette visite [211]. Barnes s'y rend en effet le 24 juin, sans rencontrer le conservateur, déçu de l'avoir manqué [212]. Parmi les défenseurs de l'art moderne, Guillaume se rapproche en effet cette année-là d'Andry-Farcy. La mise en perspective inédite des quelques lettres subsistant de leur correspondance est fort instructive. Peintre et dessinateur, Andry-Farcy s'est formé aux Arts décoratifs à Paris et s'est installé à Grenoble en 1907. Il y vit de son art en dessinant pour des revues, avant d'être nommé conservateur du musée de la ville en 1919. L'institution ainsi qu'une bibliothèque occupent un grand bâtiment du Second Empire. Andry-Farcy l'a enrichie d'œuvres modernes sans égales dans les collections publiques françaises grâce à son esprit visionnaire et à sa combativité, tout en s'assurant le soutien du maire de la ville, Paul Mistral. Sa volonté est d'ouvrir le musée aux avant-gardes : « Mes projets sont simples : continuer en faisant le contraire de ce qu'ont fait mes prédécesseurs qui n'ont ouvert leur musée à aucun des grands maîtres du XIXe siècle. J'ouvre la porte aux jeunes. » C'est à ce musée que Picasso fait don de sa première œuvre à entrer dans les collections françaises : *Femme lisant* de 1920. Matisse, qui a rencontré Andry-Farcy en 1920, a offert aussitôt une œuvre de 1917 quasi abstraite, *Allée d'arbres dans le bois de Clamart*, avant d'offrir conjointement avec sa femme et sa fille en 1922 l'un de ses panneaux majeurs : *Intérieur aux aubergines* de 1911 [213]. Le tableau avait appartenu à Michael et Sarah Stein, auxquels Matisse l'avait racheté en 1917 pour le retravailler [214]. Enfin, Andry-Farcy vient d'assurer l'entrée de la magnifique collection de Marcel Sembat et Georgette Agutte, tragiquement décédés en septembre 1922, qui voulaient léguer leurs possessions à un musée de province. Il prépare une salle à leur nom qui ouvrira l'année suivante. Le conservateur a rencontré Guillaume et sa femme lors d'un séjour à Paris, et le couple lui a promis un don.

Cette bataille pour la reconnaissance de l'art moderne rapproche les deux hommes, et Guillaume désire voir son nom figurer dans ce musée. Fidèle à lui-même, il fait don durant l'été, non pas d'une toile, mais d'un masque de Guinée, de la population toma. Andry-Farcy est enthousiasmé par ce don – « une pièce épatante » – et soigne sa présentation [215]. C'est effectivement la première fois en France qu'une pièce africaine est visible au côté d'œuvres modernes dans une collection publique. Andry-Farcy remercie Guillaume et n'oublie pas de transmettre ses hommages à Juliette qui aurait participé au choix de l'œuvre. Il s'enquiert également de Barnes auprès du marchand, peut-être convaincu que le collectionneur compte offrir des œuvres à son musée, ce qui n'est pas le cas [216].

Guillaume envoie une dernière fois des objets africains à Zayas qui a réussi à le convaincre, pour l'exposition « Recent Paintings by Pablo Picasso and Negro Sculpture » au Whitney Studio Club de New York. La manifestation montre, comme aux temps pionniers des années 1910, des œuvres de Picasso, parfois de petit format, disposées au côté de pièces africaines soigneusement soclées et placées à hauteur de regard. L'exposition est photographiée par Sheeler [217]. Poursuivant le philanthropisme à l'américaine, indispensable à tout collectionneur ou mécène estimé, Guillaume fait don à l'American Museum of Natural History de New York d'un ensemble d'objets africains : métier à tisser, balance et poids destinés à peser l'or. Sa générosité lui vaut un diplôme [218]. Quant à Zayas, après une dernière manifestation aux Wildenstein Galleries de New York, il vend une partie de sa collection et s'établit bientôt en France avec sa compagne Virginia Randolph Harrison, au château de Rivoiranche près de Grenoble, où il noue une proche amitié avec Andry-Farcy.

Guillaume et surtout Juliette souhaitent depuis longtemps quitter l'avenue de Villiers pour un logement plus vaste et plus prestigieux, proche de la galerie. C'est chose faite à la fin de l'automne 1923. Le couple s'installe au deuxième étage d'un petit immeuble du 20, avenue de Messine, presque un hôtel particulier, à quelques pas du boulevard Haussmann. L'appartement traversant est composé de cinq pièces, sur environ cent soixante-dix mètres carrés, où le couple déploie peu à peu sa collection personnelle, distincte des œuvres à vendre. Guillaume s'y aménage un petit bureau. L'immeuble appartient à une octogénaire qui l'a fait construire en 1875 et habite encore le rez-de-chaussée et le premier étage [219].

Guillaume prête simultanément près de soixante-dix pièces pour une importante exposition au pavillon de Marsan du musée des Arts décoratifs, « Art indigène des colonies françaises et du Congo belge », qui ouvre le 1er novembre 1923, dotée d'une splendide affiche polychrome de René Piot [220]. Le commissariat en est assuré par Clouzot et Level, qui n'ont pas fait appel à Guillaume et publient le catalogue. Peut-être n'ont-ils pas souhaité réitérer l'expérience de 1919. Fénéon et Hessel sont des prêteurs importants. Le pavillon de Marsan est un choix très symbolique qui consacre la reconnaissance des objets d'Afrique et d'Océanie en tant qu'œuvres d'art. L'exposition est un énorme succès et est prolongée en 1924. Guillaume salue la belle présentation des pièces puis déclare que « c'est important, mais mal fait ». Il y remarque une pièce de grande taille, « une chose Pahouine », mais son vendeur en demande 100 000 francs [221] ! Le marchand demande le retour de certains de ses objets, peut-être pour les vendre à Barnes [222]. Il signale par ailleurs à ce dernier un tableau d'Ingres, *L'Âge d'or* de 1862, précieuse réduction réalisée par l'artiste de sa fresque des années 1840 au château de Dampierre. Il est la possession des héritiers de la veuve d'Ingres, la famille Riant, qui attendent longtemps avant de donner un prix puis en demandent 1 500 000 francs. La même famille propose également une *Odalisque en grisaille* et un « portrait de M. Ingres jeune » pour 550 000 francs. Barnes n'achète finalement rien et *L'Âge d'or* est acquis en 1929 par un autre collectionneur américain, Grenville Lindall Winthrop [223].

Guillaume entend parler d'une visite de John Quinn à Paris durant l'automne ; il semble avoir fait « d'importants achats », parmi lesquels un Cézanne, des Picasso et surtout « une très grande nature morte de Matisse, que vous aviez vue chez moi (d'après un tableau hollandais) », écrit-il à Barnes. Il s'agit d'un panneau réalisé par Matisse en 1915 à Issy-les-Moulineaux d'après *Un dessert* de Jan Davidsz de Heem, magnifique toile du musée du Louvre datée de 1640. Guillaume a donc eu l'œuvre de Matisse dans sa galerie en 1922 ou en 1923, ce qui n'est pas connu. Le peintre l'avait rachetée à Léonce Rosenberg avant qu'elle ne passe chez les Bernheim. Quinn ne vient pas chez Guillaume mais envoie « des gens » se renseigner sur *La Cène* de Derain de 1911 [224], qu'il possède depuis 1918. Barnes le voit comme un rival et il est possible que Guillaume ne puisse pas lui vendre toutes les œuvres qu'il souhaiterait.

Du 17 au 27 novembre 1923 a lieu à la galerie une exposition des œuvres de Suzanne Duchamp et son mari le peintre suisse Jean Crotti, ami de Marcel Duchamp et de Picabia. Le couple crée des œuvres qui se veulent rattachées au mouvement Dada. Suzanne est la quatrième des six enfants de la famille Duchamp. Malgré les difficultés pour une femme de devenir artiste, elle poursuit ce but depuis son adolescence. Soutenue par son frère Marcel, elle obtient une première exposition personnelle dès 1911 et montre ses œuvres aux différents Salons parisiens. En décembre enfin, la galerie montre des aquarelles de l'artiste américaine Alice Munford Culin. Guillaume a accordé cette exposition à l'artiste, portraitiste certes reconnue dans son pays, uniquement pour faire plaisir à son mari Steward Culin, ethnologue renommé, conservateur du Brooklyn Institute of Arts and Sciences de New York, qui en paie tous les frais. En effet, ce dernier s'est manifesté avec insistance tout au long de l'année auprès de Guillaume et de Barnes pour discuter d'art africain et a démarché le marchand lors de l'un de ses séjours à Paris [225].

Barnes passe en France à la fin de l'année et charge le marchand de trouver quelques primitifs flamands, ainsi que des vases grecs antiques. Il acquiert également une œuvre de Claude Lorrain et une autre du

Greco. Guillaume doit envoyer à Philadelphie des cadres pour plusieurs toiles de Renoir et de Cézanne. Le collectionneur donne sa préférence pour des cadres de style Louis XIV, sans que l'on sache ce que cela veut dire exactement. Peut-être est-il lassé des cadres rocaille [226]. La maison Roche, qui se nomme maintenant Serge Roche, livre donc des cadres « Renaissance », « Louis XIII à fruits » et « Régence ». C'est en février 1924 que Guillaume reçoit des « M.M. » Thannhauser (en fait Heinrich et son fils Justin), qui ont quitté Munich pour Lucerne en Suisse, une extraordinaire proposition pour Barnes : l'achat d'une toile légendaire de Manet. Il s'agit du *Bar aux Folies Bergère*, peint en 1882, qu'ils vendent pour la somme record de 100 000 dollars [227]. À titre de comparaison, les 200 000 francs payés au même moment par Barnes pour l'achat d'un Renoir correspondent à environ 9 000 dollars ; l'œuvre est donc proposée pour l'équivalent de plus de 2 millions de francs ! Heinrich Thannhauser avait montré la toile dans sa galerie de Munich en 1909-1910, lorsqu'il avait exposé la collection d'œuvres de Manet d'Auguste Pellerin. Elle est toujours sur le marché au début de l'année 1926, lorsque Barnes fait une nouvelle offre de 60 000 dollars (après une autre de 75 000 dollars) et demandera via Paul Guillaume à ce qu'elle soit expédiée à New York pour inspection, en s'engageant à rembourser tous les frais s'il ne l'achète pas [228]. Mais les Thannhauser préfèrent la vendre en mars 1926 à Samuel Courtauld, pour sa collection londonienne, « pour plus de cent mille dollars [229] », croit savoir alors Guillaume. Elle deviendra l'emblème de la collection.

Halvorsen propose aussi à Guillaume plusieurs œuvres pour Barnes en février et mars 1924, notamment deux toiles de Poussin, *Le Jugement de Pâris* de Renoir et « Un Matisse superbe “Les Poissons rouges” [230] ». Il est intéressant de se demander quelle est la toile de Matisse en question, et pour qui Halvorsen agit. En effet, l'artiste a traité ce thème plusieurs fois entre 1912 et 1915 dans des œuvres majeures, croisant le motif des poissons rouges avec ceux des fenêtres et de l'atelier. Deux versions peintes en 1914 sont d'ailleurs à Paris dans les années 1920 : l'une, *Intérieur, bocal de poissons rouges*, appartient à Paul Rosenberg qui la revend avant 1931 au baron et à la baronne Gourgaud ; l'autre, nommée justement *Les Poissons rouges*, appartient à son frère Léonce, qui la vend à Doucet, poussé par Breton, fin 1923 [231]. Ce thème séduit, car Henri-Pierre Roché propose lui aussi l'acquisition d'une toile de *Poissons rouges* de Matisse à John Quinn. Est-ce la même que celle d'Halvorsen [232] ? Barnes achète finalement en 1926, sans Guillaume, une autre version encore, *L'Atelier aux poissons rouges* de mai-septembre 1912, provenant d'Allemagne.

Guillaume est infatigable et voyage inlassablement. Il vend au mois de mars un « grand tableau gris » de Picasso à Éluard pour 9 000 francs – est-ce pour Doucet [233] ? Il séjourne à Nice au début du mois d'avril afin d'acheter une collection d'art africain et rend visite à Matisse mais ne parvient à rien lui acheter[234]. Il prépare la présentation à la galerie d'œuvres de Kisling, qu'il connaît depuis longtemps. Toujours désireux de publier des catalogues en variant les auteurs, il confie la préface à Salmon. Ce dernier livre un texte sous forme de lettre datée du 18 mars. L'exposition se tenant du 28 mars au 10 avril, on voit que Guillaume boucle encore ses projets en peu de temps. Il repart après la fermeture pour Zurich afin d'y acheter une œuvre de Renoir et d'en voir d'autres de l'artiste[235].

Barnes annonce sa venue à Paris avec sa femme, son collaborateur le professeur Laurence Buermeyer et une nouvelle et brillante recrue nommée Thomas Munro. Âgé de 27 ans, ce dernier, professeur à l'université Columbia, devient représentant de la fondation pour les beaux-arts à l'université de Pennsylvanie[236]. Durant son séjour, Barnes achète plusieurs œuvres africaines à Guillaume, dont des masques et une idole pahouine, ainsi que des toiles comme une nature morte de Renoir à 26 500 francs, un nu de Matisse à 35 000 francs et un paysage du Douanier Rousseau à 43 000 francs. Le nom du collectionneur est devenu une référence à Paris et Guillaume est chargé de lui transmettre une requête de René-Jean, ancien collaborateur de Jacques Doucet. Ce dernier est le secrétaire d'un comité dédié à Daumier et prie Barnes d'en devenir le président, mais celui-ci décline la proposition[237]. Guillaume se rend en voisin à la galerie de Paul Rosenberg pour visiter une exposition « d'œuvres nouvelles (peintures et dessins) » de Picasso, mais trouve les prix exorbitants. Rosenberg lui confie tout de même le cliché d'un Cézanne à l'intention de Barnes. Le voisinage des marchands se reflète dans *La Nouvelle Revue française*, qui rend compte dans le même numéro 128 du 1er mai des expositions Picasso chez Paul Rosenberg et Kisling chez Guillaume.

Enfin, Guillaume publie dans le numéro 9 des *Arts à Paris* d'avril 1924 un article de Barnes, « L'art nègre et l'Amérique », tandis que lui-même voit son article « African Art at the Barnes Foundation », repris du numéro 8 d'octobre 1923, paraître aux États-Unis dans le numéro de mai d'une revue africaine-américaine récente, *Opportunity: A Journal of Negro Life*. La publication entière est consacrée à l'art africain et c'est une première pour un périodique de ce type. La revue, qui veut refléter les défis sociaux rencontrés par la communauté africaine-américaine, s'ouvre aux arts sous l'impulsion de son rédacteur en chef Charles Spurgeon Johnson. Barnes rejoint aussi les vues du professeur et philosophe africain-américain Alain LeRoy Locke, diplômé de Harvard, dont il parle avec Guillaume. Locke publiera en 1926 l'article de Barnes des *Arts à Paris* dans son anthologie *The New Negro*[238].

Le projet d'un monument à Apollinaire commandé à Picasso est toujours en cours. Une vente aux enchères est décidée pour le financer. Soixante-cinq artistes offrent des œuvres qui sont exposées dans la galerie de Guillaume avant d'être vendues à l'hôtel Drouot les 16 et 18 juin 1924, et qui rapportent

30 450 francs. Mais les projets de Picasso sont repoussés [239]. Tandis que sa galerie est en travaux, malgré le désaccord du propriétaire des murs de la rue La Boétie, Guillaume rejoint au début de l'été Juliette, qui est souffrante, dans la ville thermale de Luxeuil-les-Bains. La cure ne « se passe pas sans incidents », Juliette souffre d'une « congestion ovarienne ». Elle s'alite encore à son retour à Paris. Guillaume envoie enfin à Barnes ses notices destinées à un ouvrage sur « l'art nègre », auquel il lui a proposé de collaborer. Il apprend la mort durant l'été du collectionneur John Quinn. Des bruits concernant la liquidation de son immense collection, riche de deux mille œuvres, qui serait orchestrée par Roché à New York, Londres ou Paris, suscitent alors « une fièvre, une effervescence infinie, [...] chez les marchands de tableaux de Paris [240] ».

Guillaume se rend au mois de septembre à Londres, où il songe à s'associer pour ouvrir une galerie avant de pouvoir le faire à New York. Il achète pour l'y exposer « la fameuse "Noce" », l'un des plus importants tableaux de Rousseau, montrée l'année précédente chez Paul Rosenberg [241]. Barnes lui envoie un article sur Soutine destiné au nouveau numéro des *Arts à Paris* et devant être illustré des œuvres lui appartenant, achetées grâce à lui. Les marchands allemands refont des affaires à Paris et Guillaume reçoit la visite en octobre de Hugo Perls. Ce dernier a ouvert en 1921 une galerie à Berlin où il vend des œuvres impressionnistes, mais aussi de Picasso et d'Edvard Munch. Il propose à Guillaume cinq tableaux de Picasso, sans doute tous précoces, pour 430 000 francs, dont « Les Noces de Pierrette » de 1905, typique de la période bleue, pour 180 000 francs et « La Toilette » pour 100 000 francs. Barnes hésite mais renonce, car il recherche d'autres artistes [242].

Guillaume parle enfin au collectionneur d'« un très grand et beau Rousseau » à 175 000 francs, négociable à 150 000, qui se trouve entre les mains de « Madame Picabia, la femme divorcée du peintre », Gabrielle Buffet donc, qu'il a sans doute connue du temps d'Apollinaire. Il précise par télégramme : « grand beau Rousseau chasseu [*sic*] animal et nu dans paysage deux mètres sur 130 demande centcinquante [*sic*]. » Le marchand souhaite sans doute rivaliser avec l'achat par Doucet en 1922, pour 50 000 francs, de la magnifique *Charmeuse de serpents* de 1907, toile commandée par la mère de Robert Delaunay et restée longtemps chez son fils, qui l'a vendue à son retour en France. Barnes accepte et Guillaume achète le Rousseau pour la somme importante de 160 000 francs, déclarant le tableau « infiniment supérieur » à l'autoportrait du peintre acheté au même prix deux ans auparavant par le musée de Prague. *Mauvaise Surprise*, de 1901, est effectivement fascinant par son paysage et sa relation triangulaire entre la baigneuse, l'ours qui l'attaque et le chasseur, tel un Roger et Angélique moderne [243].

Parmi les propositions de Guillaume à Barnes en fin d'année figure une nouvelle œuvre de Matisse de la collection Tetzen-Lund, qu'à nouveau il connaît bien. Il s'agit d'un autre panneau du triptyque des *Trois Sœurs* qu'il avait montré en 1918, *Les Trois Sœurs à la sculpture africaine*, peint au printemps et à l'été 1917. Le collectionneur est intéressé par l'acquisition de ce second panneau, à la surprise de Guillaume, et l'achète pour 80 000 francs. On est loin des 22 500 francs du premier panneau réglés en 1922. Parmi les achats de Barnes via Guillaume les plus onéreux de la fin de l'année, on distingue plusieurs œuvres de Matisse provenant de Tetzen-Lund, que le collectionneur avait d'abord repoussées : *Nature morte bleue* de 1907, anciennement à Michael et Sarah Stein, et *Le Rifain*, peint au Maroc en novembre-décembre 1912, reproduit dans *Les Arts à Paris* de novembre et mentionné comme faisant partie de la collection de Guillaume, ainsi qu'une « Femme rouge », chacun pour 70 000 francs. On trouve aussi un Picasso de la période bleue, *L'Ascète* de 1905, acquis encore pour le même prix, et « 2 Renoir et 1 Rousseau » pour 250 000 francs. En provenance de chez Vollard, on trouve aussi un Renoir à 200 000, un Picasso à 100 000 et un Cézanne à 240 000 francs [244]. Barnes apprend à Guillaume que les travaux de construction du bâtiment de la fondation touchent à leur fin et qu'il prévoit de s'y installer avec sa collection le 1er décembre 1924, ce qui signifie accrocher entre huit cents et neuf cents tableaux. Il le tient au courant de l'avancement de l'ouvrage prévu sur « l'art nègre » avec lui, mais lui précise que Munro a énormément travaillé également sur ce projet. Il lui propose donc que le livre soit cosigné avec Munro… mais sans obligation pour Guillaume d'y voir figurer son propre nom [245].

Ce dernier souhaiterait qu'un artiste réalise son portrait mais a compris qu'il n'obtiendrait rien de Picasso. Il se tourne alors vers Derain et lui commande une grande toile le montrant costumé en Pierrot, au côté du peintre espagnol Joaquin Salvado en Arlequin. Le thème fait écho aux saltimbanques et arlequins de Renoir, Cézanne et surtout Picasso car Salvado est un ami de ce dernier, qui vient de le peindre à plusieurs reprises dans le même costume donné par Jean Cocteau [246]. Guillaume a possédé plusieurs œuvres de Picasso sur ce thème. La première que l'artiste lui ait laissée en tant que courtier, probablement entre 1916 et le début de l'année 1921, représentait un arlequin. Guillaume en recherche encore les années suivantes et acquiert vers 1925-1926 « un splendide Arlequin » à la gouache venu d'Allemagne [247]. Ce sujet est prisé bien sûr des amateurs : Picasso se voit demander par son marchand Paul Rosenberg en janvier 1921, en vue d'une exposition : « Et mes arlequins, mes arlequins, mes arlequins [248]! » La représentation de Derain est cependant différente des personnages de Picasso. Sur une grande toile de format carré, Arlequin-Salvado et Pierrot-Guillaume, un genou levé, jouant tous deux de la guitare, sont figurés sur un fond neutre dans une danse sans fin, tels des marionnettes ou des pantins. Leurs regards ne se rencontrent pas et l'expression de leur visage est grave. La toile dégage bizarrement une certaine mélancolie. Derain prépare l'œuvre par plusieurs esquisses, dont au moins une est conservée par Guillaume et sa femme. Le

Giorgio de Chirico, *Portrait de Paul Guillaume,* 1915, Grenoble, musée de Grenoble

Guy Fauconnet, Couverture du n° 2 des *Arts à Paris*, 15 juillet 1918,
Paris, musée de l'Orangerie

Natalia Gontcharova, Couverture du n° 4 des *Arts à Paris*, 15 mai 1919, Paris, musée de l'Orangerie

Amedeo Modigliani, *Paul Guillaume, Novo Pilota*, 1915, Paris, musée de l'Orangerie

Chaïm Soutine, *Le Petit Pâtissier*, vers 1919, Philadelphie, Fondation Barnes

Chaïm Soutine, *Le Gros Arbre bleu*, vers 1920-1921, Paris, musée de l'Orangerie

Paul Cézanne, *Vase paillé, sucrier et pommes*, entre 1890 et 1894, Paris, musée de l'Orangerie

Paul Cézanne, *Portrait de Madame Cézanne*, entre 1885 et 1895, Paris, musée de l'Orangerie

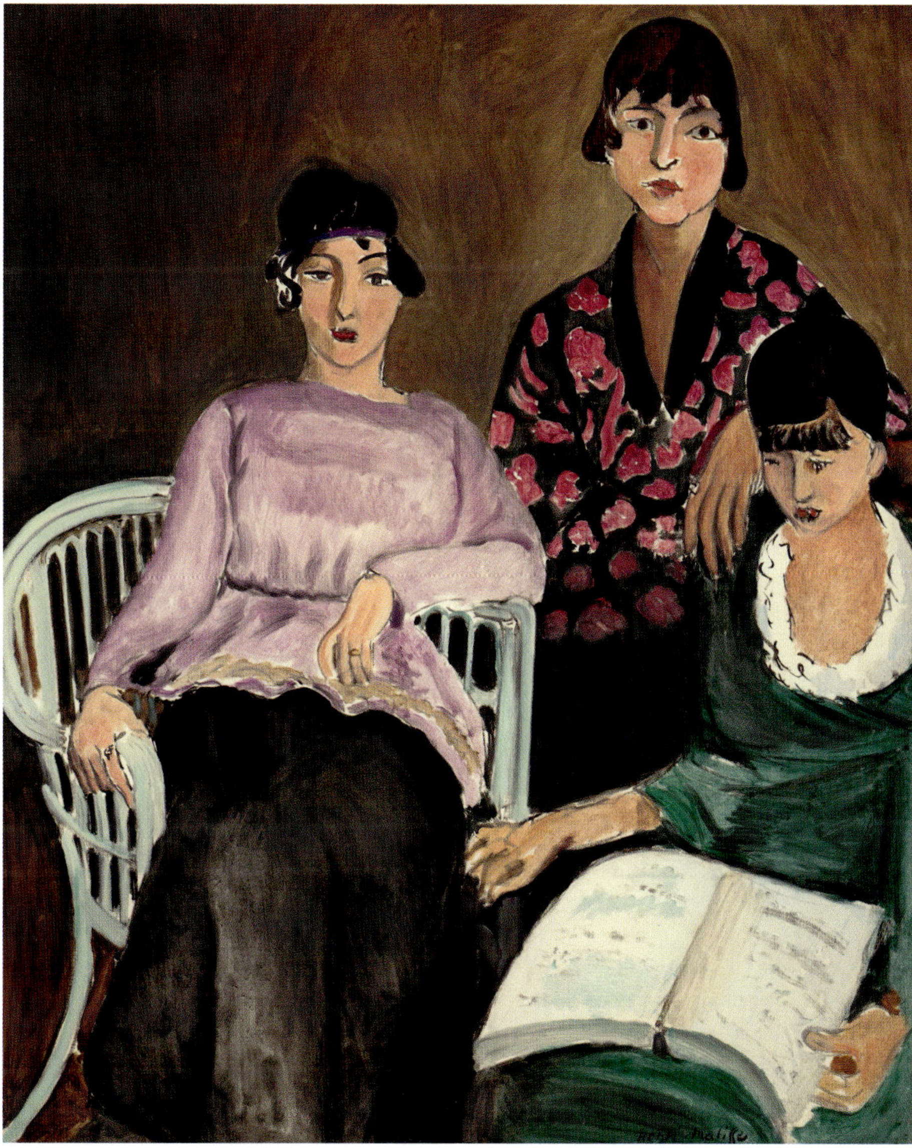

Henri Matisse, *Les Trois Sœurs*, 1917, Paris, musée de l'Orangerie

Pablo Picasso, *Nu sur fond rouge*, 1906, Paris, musée de l'Orangerie

Anonyme, Masque-portrait d'un homme barbu (mblo), culture baoulé, (Côte d'Ivoire), vers 1890-1915, Philadelphie, Fondation Barnes

Anonyme, *Masque anthropomorphe ngontang,* culture fang, (Gabon), XIXe siècle, Paris, musée du quai Branly – Jacques Chirac

Pablo Picasso, *Femme au chapeau*, 1921, Paris, musée de l'Orangerie

Auguste Renoir, *Jeunes filles au piano*, vers 1892, Paris, musée de l'Orangerie

Auguste Renoir, *Groupe se baignant*, 1916, Philadelphie, Fondation Barnes

Henri Rousseau dit Le Douanier, *La Carriole du père Junier*,
1908, Paris, musée de l'Orangerie

Henri Rousseau dit Le Douanier, *La Noce*, vers 1905, Paris, musée de l'Orangerie

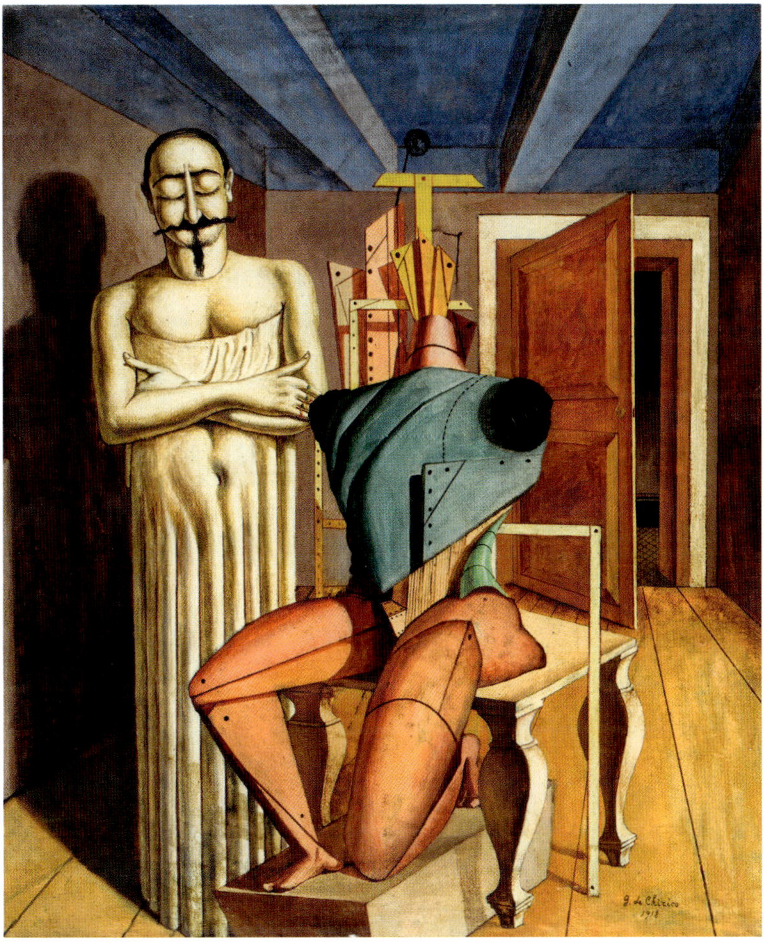

Giorgio de Chirico, *Le Revenant*, 1917-1918, Paris, musée national d'Art moderne – Centre Georges-Pompidou

André Derain, ***Portait de Madame Paul Guillaume au grand chapeau*****,**
entre 1928 et 1929, Paris, musée de l'Orangerie

André Derain, *Arlequin et Pierrot*, 1924, Paris, musée de l'Orangerie

Anonyme, *Torse de Bouddha*, Inde, époque Kuchana,
IIe siècle, Paris, musée national des arts asiatiques-Guimet

Anonyme, *Statuette de gardien de reliquaire eyema byeri*, culture fang, (Gabon), XIXe siècle, Paris, musée du quai Branly – Jacques Chirac

Anonyme, *Statuette de gardien de reliquaire, effigie mbulu ngulu*, population kota, (Gabon), XIXe siècle, Paris, musée du quai Branly – Jacques Chirac

Anonyme, *Couple assis*, culture dogon, (Mali), fin XIXe – début XXe siècles, Philadelphie, Fondation Barnes

Henri Matisse, *Le Bonheur de vivre*, 1905-1906, Philadelphie, Fondation Barnes

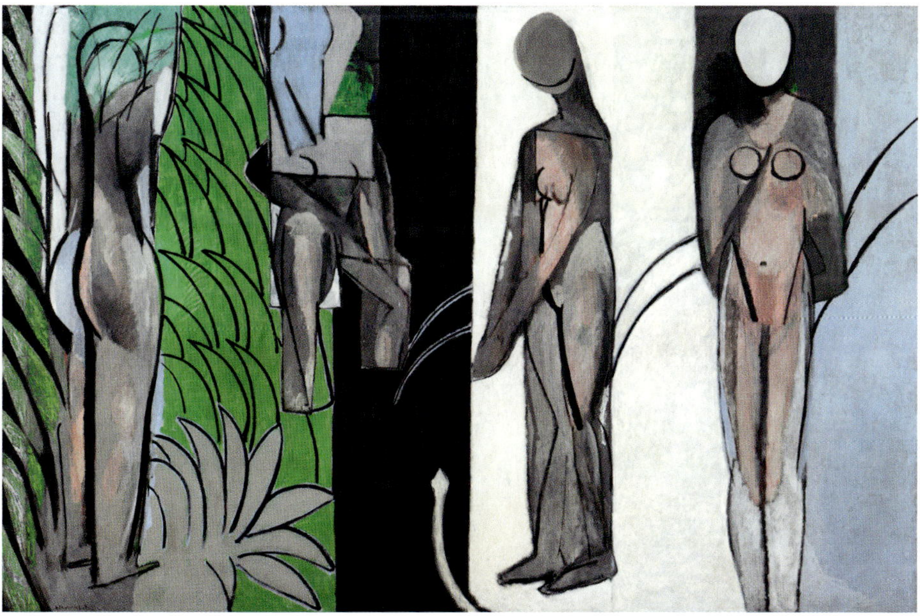

Henri Matisse, *Demoiselles à la rivière*, 1909-1917, Chicago, The Art Institute of Chicago

Marie Laurencin, *Portrait de Madame Paul Guillaume*, 1928, Paris, musée de l'Orangerie

Anonyme, *Tête sculptée provenant d'un ensemble reliquaire, le « Grand Byeri »*, culture fang, (Gabon), groupe nio betsi, XIXe – début du XXe siècle, New York, The Metropolitan Museum of Art

Paul Guillaume, *Fruits sur l'assiette*, 1922, Paris,
musée de l'Orangerie

Maurice Utrillo, *La Maison Bernot*, 1924, Paris, musée de l'Orangerie

Kees Van Dongen, *Portrait de Paul Guillaume*, vers 1930, Paris, musée de l'Orangerie

tableau est souvent présenté comme la seule commande connue de Guillaume ; son format a-t-il été déterminé par l'un des murs de leur appartement avenue de Messine où il trouve place ? On peut se demander si les portraits de Guillaume réalisés par Modigliani, Chirico et Derain lui-même entre 1915 et 1919 constituaient des commandes. Cette œuvre imposante devient désormais l'une des préférées du couple et va servir d'emblème à la collection du marchand.

Doucet poursuit la transformation de ses collections, et confie à Guillaume une œuvre de Monet et une autre de Sisley afin de les vendre. Le marchand guettait plutôt le moment où il lui confierait ses Cézanne ou ses Manet afin de les proposer à Barnes [249]. Doucet, poussé par Breton, achète à Picasso le 12 décembre 1924 *Les Demoiselles d'Avignon*, restées roulées dans l'atelier de l'artiste, pour seulement 25 000 francs. Picasso est à l'aise financièrement grâce à Paul Rosenberg et accepte ce prix peu élevé. Tout cela repose sur un malentendu car l'artiste pense que Doucet, sans enfant, léguera son œuvre au musée du Louvre, comme il l'a promis à Delaunay pour *La Charmeuse de serpents*, ce qui ne sera pas le cas. Roché écrit en janvier 1926 à Doucet, dont il a été un conseiller, et lui révèle que la toile vaudrait 300 000 à 400 000 francs ! Guillaume achète en janvier 1925 « un Picasso cubiste rose que vous aviez peut-être vu jadis chez le russe qui avait des Rousseau », écrit-il à Barnes. Peut-être *Le Modèle* de 1912, acheté à la première vente Kahnweiler par le sculpteur Oscar Miestchaninoff ? Celui-ci est un proche de Lipchitz, Modigliani et Soutine, et sans doute marchand lui-même [250]. Guillaume est ensuite démarché par Marguerite Duthuit, la fille de Matisse, qui lui demande de prêter des œuvres de son père à une exposition que son frère Pierre projette à New York. Il n'accepte pas immédiatement, ce qui la surprend et la mécontente, et finit par refuser. Le temps n'est plus où Guillaume écrivait humblement à l'artiste. Pierre Matisse ouvrira l'année suivante une galerie à New York avec le marchand américain Valentine Dudensing et y organisera en 1927 l'exposition projetée.

La Fondation Barnes reçoit ses premiers visiteurs et étudiants. Barnes prépare la parution d'un journal de la fondation, ainsi que son inauguration officielle en mars 1925. Il envoie plusieurs exemplaires de son livre *The Art in Painting* à Guillaume, dont un dédicacé, et ce dernier en prête un à Picasso [251]. Mais le marchand a la tête ailleurs car l'état de Juliette est inquiétant durant les six premiers mois de l'année 1925. Elle subit deux interventions chirurgicales effectuées par leur ami le professeur Gosset et frôle la mort, laissant son mari anéanti [252]. À ses moments consacrés aux arts, Guillaume confirme à Barnes la hausse des cotes d'Utrillo, Modigliani et Soutine. Il lui révèle le 16 avril avoir acheté « à Vollard ce Picasso gouache en hauteur dont vous m'aviez conseillé d'acheter. Je suis très heureux d'avoir fait cette opération car ses tableaux se raréfient chaque jour et depuis que quelques personnes l'ont vu j'ai refusé des offres inespérées car je le trouve beau, et je veux le garder[253] ». S'agit-il de la *Composition : paysans* de 1906, esquisse d'une toile de Picasso en possession justement de Barnes, ou de la grande *Femme au peigne* de 1906[254] ?

Un peu rassuré, Guillaume s'aventure en Espagne au mois de juin, puis fait un séjour à la campagne avec Juliette afin qu'elle se remette. Durant l'été, il essaie sans succès de convaincre Matisse de lui vendre des œuvres importantes et repense à Brandon Davis, « Transvaalien qui a des Matisse », originaire de la région du Transvaal, dans le nord-est de l'Afrique du Sud. Il reçoit aussi la visite du conservateur du musée de Détroit, qui souhaite acheter des Modigliani. Guillaume est pressé et ne lui en montre que deux ou trois, tout en exhibant les photographies de ceux de la Fondation Barnes. Le conservateur trouve ces derniers plus beaux que ceux de Guillaume et ne lui achète rien. Le marchand est philosophe et connaît la façon dont les choses évoluent : « [...] il ne m'a rien acheté. Tant mieux ; il les paiera plus cher l'an prochain[255]. »

Enfin, durant l'automne, il piste chez le collectionneur et bibliophile Paul Gallimard, père de l'éditeur Gaston Gallimard, un Manet convoité par Barnes : *Blanchisserie (Le Linge)* de 1875, refusé au Salon de 1876. Gallimard le reçoit le 15 octobre mais lui explique qu'il est assez fortuné pour ne pas avoir besoin de vendre et qu'il a refusé une proposition à 2 millions de francs. C'est l'équivalent de la somme demandée auparavant par les Thannhauser pour le *Bar aux Folies Bergère*. Guillaume lui fait observer que le tableau partirait dans un prestigieux musée américain, que Gallimard aurait son nom sous celui-ci et que l'œuvre pourrait être achetée en dollars, ce qui fait réfléchir le collectionneur. Une offre est faite pour 55 000 dollars, ce qui correspond à 1 350 000 francs, puis à 60 000 dollars, mais Gallimard refuse[256]. Il semble qu'après sa mort en 1929, sa famille ait vendu l'œuvre à la galerie berlinoise Cassirer. Barnes, toujours tenace, réussira plus tard à l'acheter sans Guillaume[257]. Enfin, le marchand achète deux Matisse : « femme au chapeau », autrefois chez « Kann » qui vient de le revendre à « Georges B. », donc Georges Bernheim, et « La femme nue en rose dans un intérieur », que Barnes aurait vue autrefois chez « Hodebert » – est-ce Léon Hodebert, peintre et membre du Salon d'Automne mort en 1914, ou bien Camille Hodebert, successeur de Barbazanges depuis 1923 ? La cote de Matisse augmente tant que Guillaume ne veut plus attendre pour acheter : « Il paraît qu'on demanderait 75 [75 000 francs] de ceux du Salon d'Automne[258]. »

Guillaume assiste le 2 octobre à la répétition générale de la « Revue nègre » au Théâtre des Champs-Élysées. Le directeur du théâtre André Daven cherche en effet à retrouver le succès et Fernand Léger, qui collabore aux Ballets suédois, lui a suggéré de produire un spectacle dont tous les artistes seraient africains-américains. Une relation de Daven lui a trouvé à New York douze musiciens dont Sidney Bechett et huit choristes dont Joséphine Baker. Daven réussit son pari et cette première représentation est un grand succès. Guillaume s'y trouve dans son élément car on y voit « tout le public négrophile parisien ou de passage à Paris ». Il ne s'agit pas précisément pour lui d'« art nègre » que ce spectacle, mais « d'évolutions chorégraphiques et orchestrales empruntées surtout au répertoire du milieu nègre américain », écrit-il à Barnes, reprenant l'un de leurs sujets de discussion. Il compare cela avec la fête qu'il a donnée six ans auparavant mais ne peut que se réjouir de cet engouement, propice à son discours et à son commerce [259]. Il vend une sculpture en bronze, *Le Serf*, de Matisse et quelques œuvres africaines à un M. Rothbart et d'autres objets africains à M. Frank, « conservateur du musée royal de Belgique et frère du ministre des colonies de Belgique ».

Guillaume prête en novembre *Le Revenant* de Chirico à son confrère Pierre Loeb, pour une exposition de peintures surréalistes dans sa galerie, la galerie Pierre, alors située au 13, rue Bonaparte, entre la Seine et Saint-Germain-des-Prés. Loeb montre entre autres à cette occasion des œuvres de Paul Klee, Max Ernst, Joan Miró, Picasso et Chirico. Doucet achète alors *Le Revenant* pour son studio de Neuilly. Breton cherchait depuis longtemps à faire entrer des œuvres de Chirico dans le musée idéal qu'il compose pour le collectionneur : « [...] vous vous attendez bien à ce que je reparle de Chirico dont il vous manque encore une belle toile de la première période, comme il y en a encore chez Guillaume de la période dite des "Portiques". [...] Vous savez que, mes amis et moi, c'est ce que nous aimons par-dessus tout [260]. » Il présente Chirico à Doucet le 18 novembre. *Le Revenant* rejoint le fascinant « studio » de Doucet à Neuilly, rue Saint-James, c'est-à-dire son récent appartement moderniste où chaque objet, chaque élément de mobilier, chaque livre relié, chaque toile est un chef-d'œuvre et où se trouvent déjà *La Charmeuse de serpents* et *Les Demoiselles d'Avignon*. *Le Revenant* connaîtra plusieurs propriétaires après la mort de Doucet, avant d'être acquis par Yves Saint Laurent en une véritable filiation esthétique [261]. Le collectionneur achète à Guillaume une autre œuvre de Chirico, *Prospettiva con giocattoli*, une « Composition métaphysique avec jouets » de 1914, à cette occasion ou à une autre, car on la voit sur les photographies prises en 1929 dans son studio et publiées ensuite dans *L'Illustration* [262].

Anonyme, *Giorgio de Chirico*, entre 1924 et 1934 ?
Photographie. Paris, musée de l'Orangerie,
fonds Alain Bouret.

Chapitre 7

Le rêve américain et les achats d'une vie

1926

Guillaume possède une voiture de la marque Lorraine-Dietrich « à quinze chevaux », mais il souhaite changer d'automobile, c'est chose faite au début de l'année 1926. Il la propose à Derain, Utrillo et Zborowski. Ce dernier l'emporte pour « 25 000,00 F qu'il a payés en tableaux de Modigliani et Soutine que j'ai revendus aussitôt 35 000,00 F Avec les 45 000 dus à la munificence d'un de mes amis, cela me faisait donc 80, j'ai acheté une Voisin [263] », en faisant une très bonne affaire, écrit-il fièrement à Barnes. Guillaume observe que sa renommée se développe aux États-Unis grâce à son activité autour des arts africains, car Georges de Zayas, frère de Marius, publie une caricature le représentant en ouverture d'un article du *New York Herald Tribune* du 31 janvier, « The Newest Art Craze Is Black African », la main droite posée sur une tête ou un masque africain dûment soclé.

Le marchand cherche à acquérir tout l'immeuble de l'avenue de Messine où il réside, suivant un projet

NEW YORK HERALD TRIBUNE, SUNDAY, JANUARY 31, 1926 9

The Newest Art Craze Is Black African

Queer Tribal Carvings, Long Gatherers of Dust in Curio Shops, Have Suddenly Soared in Value. Modernist Art Is in for Another Nerve-Racking Jolt

By JOHN F. HANSCOM

Drawings by GEORGE de ZAYAS

THE modern movement in art gets its inspiration entirely from the African Negro, announce the cubist connoisseurs of Europe, and practically overnight a new collector's craze sweeps through the ranks of the friends of cubism, plays havoc with the value of the post-war paintings and places a new ideal at the head of the modern movement. African statues, Negro carvings and the other morbidly curious fetish relics of the mystical religions of the Dark Continent are now the most prized trophies of the collector who prides himself on keeping abreast of these hectic times in art. The oldest art in the world has usurped the place of the newest.

"The source from which all the arts have sprung is concealed in the blood of the Negro," says the modern connoisseurs. "The work of the modernists, such as Modigliani, Soutine and Picasso, is simply the work of the African emotion in a new setting. The sculpture of Archipenko, Lipschitz and Epstein is impregnated with Africanism. The music of Berard, Satie, Auric, Poulenc, Honegger—everybody interesting since Debussy—is African."

These words, coming from the men who originally backed the cubist fad, have upset the old values of the modern school and have forced new and expensive standards on the already bewildered collectors.

The few pieces of African art that found their way to Paris and the other capitals of Europe, and for years gathered dust on the top shelves of antique shops, disappeared a few weeks after the modern connoisseurs "discovered" the similarity between the art of their disciples and the art of the Negro. The demand became enormous. And then it was that the art dealers of Europe showed their versatility.

For the last three years, unheralded and unannounced, a half dozen weather beaten Frenchmen, former members of French colonial missions or retired army officers, have left Paris at the end of the summer on art buying expeditions into the heart of Africa. Loaded with trinkets and beads, and following the routes of the lawless slaver of a hundred years ago and the ivory hunter of the present age, these men fill their packs with the native idols and fetishes and return to Paris to swell the coffers of the art dealers and the collections of the modernists.

Negro art is one of the most lucrative phases of the art dealer's business. A buying expedition into the heart of Africa costs less than 100,000 francs, while a single genuine statue from any of the central African tribes will net the dealer much more profit.

Twenty years ago a peculiar statue, representing a hideous dwarf, roughly carved from a hard tropical wood, was given to a Parisian laundress by a sailor. A young art dealer saw this statue one day and became interested in it. There was nothing peculiar about the piece of work except that it was excessively hideous and appeared to be the work of a child—not an ordinary child, but one who had a highly developed sense of the grotesque and a somewhat peculiar sense of proportion.

The dealer eventually purchased the piece for a few francs and took it to his shop to exhibit as a curiosity. One day a friend who had spent many years in military service in Africa told him it was a piece of Negro work from Bobo-Dioulasso, a district bordering on the Sudan. The owner classified the piece and put it away. All over Paris he saw similar pieces, and though he knew nothing regarding the work of the Negroes, he felt that there must be a commercial value hidden in them somewhere.

When the war broke out in 1914 the devotees of modernism were just beginning to study this Negro art. Books were being written on the natives, their religious customs, tribal laws, fetishes and voodoo practices. A few Europeans were beginning to start collections.

But it was not until 1921-'22 that the Negro art movement began to assume alarming proportions as regarded leadership in the modern movement. Frank Burty Haviland, the American artist, was casually offered 30,000 francs for a four-inch statue he had picked up in a small shop in the Latin Quarter for 25 francs. He refused to sell. Last year the offer was increased to 60,000 francs.

The largest collections of Negro art are in Europe, where the late Bakst, De Diaghilef Edouard KeKeling, John St. T. Audley, Mme. Napierowska and Lord Berners are ranked as the greatest enthusiasts. In America, Dr. Albert C. Barnes, of Philadelphia, is reported to hold the largest collection.

There will always be a mystery connected with Negro art, and this is one of the reasons why the statues and carvings will probably be treasured and prized long after the other fads of modernism have been lost and forgotten. Though it is now possible to classify most of the African pieces both as regards the age and the tribe, little is known of their original uses. The art of the Negro is always an art which fills some definite place in some tribal or religious superstition. There is no "art for art's sake" in Africa.

One of the most important statues from the M'Fang tribe, now belonging to the Bakst collection, was discovered in Paris when a terra-cotta statue, thought to be an imitation, was accidentally broken and a small carving, six inches high, was discovered in its interior. Why should such a beautiful piece of work be concealed beneath such an ugly casing? is one of the questions that the connoisseurs of Negro art are unable to answer. But they took advantage of the accident to discover another source of supply, and there are now more than fifty known pieces that have been brought to light from their dry mud hiding places.

Paul Guillaume is one of the best known authorities on the art of the Negro. "People who know realize that Adam was black and that Eve was black, and that our primitives started the arts just as they started everything else," he argues. "Then the blacks captured the white barbarians and infused black blood into them. Thousands of years passed and the regenerated whites conquered their masters and forced them to flee to the unknown regions of the earth to escape slavery. The blacks have left the ethnic traces of their presence in the north and in the east of Africa in the form of the Semites and the Chamites. The ages have split these peoples up into divisions and tribes and forced them into settled localities. In the northwest of Africa we now find the population of the Nigers, the Bobo-Dioulasso, the Aigui, the Gouros, the Dan and many others. Below the equator and in the southwest are the M'Fangs, the most beautiful of the Pahouins, who are almost as fair as the Anglo-Saxons. On the equator, but at a distance from the coast, are the pastoral races of the Bushongos, the Bambulas, the Gwembis, the Bakele, the Yunga and the Bangonga.

"Each of these tribes has built up an art peculiar to its religion and customs. To classify the work, both as regards ages and tribes, it is necessary to combine a knowledge of African folk lore and fetish legends with the technical data that have been gathered by the explorers. Not the least important of the technical accounts is the manuscript written by the Portuguese adventurers who penetrated into the heart of the Benin country in the fourteenth century. This manuscript was only discovered in 1922, but it has already proved of capital importance in the identification work."

The humor of the present situation in modern art is that the modernists have taken under their banner one of the oldest arts in the world, discarding the wild color schemes of the cubists for the ugly blackness of the work of the Negroes. Some predict a great future for Negro art; some say it is but a passing collector's fad. Certain it is that at present it is riding with the best art in Europe, costing some collectors large fortunes to appease their fancies, and making some exceedingly handsome fortunes for those dealers who have taken to specializing in it.

Says Paul Guillaume, authority on Negro art: "People who know realize that Adam and Eve were black, and that our primitives started the arts just as they started everything else"

The art of the Negro is an art which fills some definite place in tribal or religious superstition. There is no "art for art's sake" in Africa

Georges de Zayas, caricature de Paul Guillaume dans l'article « The Newest Art Craze Is Black African », *The New York Herald Tribune*, 31 janvier 1926. Paris, musée de l'Orangerie, fonds Alain Bouret.

dont il parle avec Barnes depuis plusieurs mois, mais sa propriétaire, maintenant nonagénaire, refuse toujours. Il consacre alors la somme mise de côté à l'achat d'un ensemble de tableaux de Rousseau provenant de la collection d'Antoine Villard [264] : « C'était mon idée depuis longtemps – le prix augmentait constamment [...] C'est la première fois que je fais un achat de cette importance. » Guillaume doit étaler le paiement sur trois mois, ainsi que convertir à son avantage la plupart des dollars dont il dispose. Il demande avec embarras à Barnes une aide financière pour le premier versement. Afin d'amortir cet achat, il doit aussi vendre rapidement certains des Rousseau, en proposant les meilleurs à Barnes. Il conserve pour lui-même *La Carriole du Père Junier* de 1908, un « tableau extraordinaire », et l'accroche dans son appartement, en même temps qu'un *Portrait de Madame Cézanne* qu'il vient d'acquérir [265]. Il compte aussi vendre des œuvres de Derain et de Soutine ainsi que le Gauguin qu'il possède pour se renflouer. Guillaume mène donc de front son commerce et la constitution d'une collection distincte pour laquelle sa réflexion mûrit. Il possède ainsi plusieurs œuvres de Cézanne, dont trois qu'il prête au Salon des Indépendants, qui « ont eu un succès énorme », et avoue : « Quant à ma collection personnelle, elle entre doucement, majestueusement, vers la légende [266]. »

Mais voici qu'après plus de dix-huit mois de maladie, Juliette se rétablit et le voyage longtemps projeté aux États-Unis à l'invitation de Barnes peut enfin s'organiser. Ce dernier espère le couple pour le mois d'avril et propose à Guillaume de prononcer un discours en anglais. Le marchand hésite car il ne s'exprime pas très bien dans cette langue. La nouvelle de leur départ suscite beaucoup d'étonnement et de suppositions dans Paris selon lui – il est très amateur de potins. Juste avant leur départ, il félicite Barnes pour sa nomination à la Légion d'honneur. Le couple s'embarque à Cherbourg sur le *Berengaria* le 20 mars. La traversée dure huit jours[267].

Les Guillaume sont chaleureusement accueillis par les Barnes et tout le personnel de la fondation. Ils découvrent enfin ce dont ils entendaient parler depuis des années : le bâtiment flambant neuf, son système novateur de contrôle de la température et de l'humidité, les centaines de tableaux, parfois seulement vus en photographie, enfin accrochés, et les dizaines d'œuvres africaines exposées. Ils découvrent aussi la salle 14 spécialement dédiée au marchand au sein du bâtiment. Barnes a mélangé les artistes, les époques et les formats, et composé selon sa seule volonté un accrochage très personnel. Les objets africains sont mêlés aux tableaux, et sont rassemblés et abrités dans des vitrines posées sur le sol, adossées au mur. La fondation est en effervescence. Enseignement, visites, recherche, publications occupent tout le temps de l'équipe, entièrement tournée vers l'éducation. La volonté et l'efficacité de Barnes impressionnent Guillaume. Que d'accomplissements depuis leur rencontre quelques années auparavant ! Le marchand prononce le 4 avril une première conférence en

Anonyme, *Paul et Juliette Guillaume sur le perron de la Fondation Barnes à Merion*, mars ou avril 1926. Photographie. Paris, musée de l'Orangerie, fonds Alain Bouret.

anglais, « The Discovery and Appreciation of Primitive Negro Sculpture », à la Fondation Barnes. Il visite la caserne de pompiers de Narberth, où il admire en connaisseur les magnifiques véhicules et assiste avec sa femme, le couple Barnes et le personnel de la fondation à un concert donné par le chœur du collège africain-américain de Bordentown. Tout l'enthousiasme. Ce n'est pas le cas de Juliette, qui ne parle pas l'anglais, s'ennuie et méprise la nourriture américaine. Le couple Guillaume est pris en photo sur le perron de la fondation : Juliette a sans doute renouvelé sa garde-robe pour ce voyage, car elle est très élégante.

Après deux semaines à Merion, les Guillaume rejoignent New York, pour découvrir cette ville mythique et visiter plusieurs musées et galeries ou clients. Le couple descend dans l'un des plus luxueux hôtels de la ville, le Plaza sur Fifth Avenue, dans Central Park. Guillaume écrit à Barnes une courte mais belle lettre de remerciement depuis l'hôtel : « Cher Monsieur Barnes, Les premières lumières scintillent dans New York. En les regardant de mon quinzième étage, je songe aux deux semaines passées. C'est tout un kaléidoscope de couleurs, d'images, d'idées, de vie qui défile devant moi. Je suis très ému et je suis très content. Ce que j'ai vu est inoubliable. Merci de m'avoir offert cette Expérience unique. Merci aussi à tous deux de votre gentil accueil. Bien affectueusement. Paul [268] ». Il prononce une conférence au Women's Club de New York mais souhaite aussi rendre visite à Joseph Brummer. Se sont-ils revus depuis 1914 ? Brummer montre alors dans sa galerie

Anonyme, *La Salle Paul Guillaume de la Fondation Barnes à Merion, avec le* Petit Pâtissier *de Soutine à l'oreille hypertrophiée*, probablement mars ou avril 1926. Photographie. Paris, musée de l'Orangerie, fonds Alain Bouret.

une exposition du florilège de la collection de Quinn, dont il a obtenu de vendre une partie. Barnes avait fait remarquer à Guillaume que les œuvres se vendraient plus cher à New York qu'à Paris [269]. Parmi ses possessions, Quinn a légué à l'État français pour le musée du Louvre une grande toile de Seurat, *Le Cirque* de 1891, qui est montrée à l'exposition avant d'être remise à l'ambassadeur de France aux États-Unis. Guillaume emmène sa femme voir Brummer. Au grand étonnement de ce dernier, le couple tombe « amoureux » d'un tableau de Rousseau, *L'Enfant à la poupée*, et l'achète pour 8 000 dollars [270]. Les Guillaume quittent New York le 13 avril à bord de l'*Aquitania* [271].

L'expérience de l'Amérique, dont il faut bien mesurer l'énorme impact sur la psychologie du couple, a ouvert des horizons plus larges à Guillaume et à sa femme qui, à leur retour, voient tout différemment : « Cherbourg, puis Paris, nous ont paru si petits – notre appartement tout menu, nos tableaux tout gris… défaut d'espace, moindre lumière. » Ce voyage a été inoubliable et aussi « un choc violent ». Guillaume est assailli de questions à son retour, à moins que, soucieux de donner de la publicité à son séjour, il ne le raconte abondamment de lui-même. Il publie le compte-rendu de sa visite et de sa conférence à la fondation dans le numéro 12 des *Arts à Paris* au mois de juin.

Le marchand s'enquiert de belles toiles de Seurat qui seraient encore à vendre pour Barnes, qui regrette peut-être de voir *Le Cirque* lui échapper, et lui signale une œuvre importante qui arrive sur le marché. L'un des seuls grands tableaux de l'artiste encore en mains privées, *Les Poseuses* de 1886-1888, serait son chef-d'œuvre. Il appartient depuis trente ans au comte Harry Kessler en Allemagne, qui le met en vente. Selon Guillaume, l'œuvre n'a pas figuré à la rétrospective Seurat organisée par Fénéon à la galerie Bernheim-Jeune en 1909 et n'est jamais passée dans le commerce. L'un des hommes les plus fins de son temps, Harry Kessler est issu d'une famille fortunée, cosmopolite et cultivée, ayant ses attaches dans de nombreux pays européens. Il a contribué à l'appréciation de l'impressionnisme et du postimpressionnisme en Allemagne au tournant du siècle. Francophile et francophone, c'est un ami personnel d'André Gide et d'Aristide Maillol [272]. Diplomate en poste à la Société des Nations, il a réparti ses collections entre Berlin et Weimar. Mais il est tombé malade en 1925 et peut-être est-ce la raison pour laquelle l'œuvre est en vente. Elle ne lui appartient peut-être déjà plus. Guillaume donne comme toujours des comparaisons de prix des toiles de l'artiste : la Tate Gallery a acquis la *Baignade* deux ans auparavant pour 5 000 livres sterling et la *Poudreuse*, anciennement chez Quinn et alors exposée à Paris, est en vente pour 7 000 livres sterling. *Les Poseuses* sont exposées du 30 juin au 10 juillet chez Barbazanges, où Barnes les voit lors d'un séjour de quelques jours à Paris et les achète [273].

Guillaume attend depuis longtemps la vente de la fameuse collection d'Auguste Pellerin, qui a lieu le 7 mai 1926. Il y signale à Barnes un *Polichinelle* de

Manet, qu'il estime à 250 000 à 300 000 francs, mais qui se vend finalement pour 420 000 francs. Il y achète surtout pour lui-même avec fierté le *Groupe de trois jeunes filles* de Matisse, qui devient *Les Trois Sœurs* dans sa collection, en écho à celles achetées par Barnes [274]. C'est apparemment le premier et l'un de ses seuls achats en vente publique. Il acquiert également à cette vente une importante nature morte de Derain de 1913, *La Gibecière*, provenant de chez Kahnweiler et peut-être Vollard [275]. Guillaume effectue d'autres achats en vente publique : un nu de Derain, numéro 7 de la vente de la collection de tableaux et d'arts graphiques appartenant à Léon Pédron, le 2 juin à l'hôtel Drouot, et *Poisson à la lampe* de Soutine le 12 juin. Il guette pour Barnes ou lui-même la vente les 25 et 26 juin de la collection de Maurice Gangnat, comportant des œuvres de Renoir, Cézanne et Vuillard. Mais on ne sait s'il achète quelque chose. Entre-temps, il publie à nouveau un article dans la revue *Opportunity* de mai 1926, sur la découverte moderniste de l'art africain. Ce numéro est consacré à la Fondation Barnes et ses collaborateurs y signent quasiment tous.

Guillaume consacre une nouvelle exposition à Giorgio de Chirico à partir du 4 juin. Ce n'est plus à Breton mais à Barnes qu'il a confié la préface du catalogue. Le jour de la fermeture ouvre à la galerie de Paul Rosenberg une exposition consacrée à Picasso. Guillaume et Barnes s'y rendent ensemble. Le 5 juillet, un groupe d'étudiants, rassemblé par la Fondation Barnes et mené par Munro, commence, dans la galerie de Guillaume présentée comme le bureau parisien de la fondation, un programme d'études de six semaines en Europe. C'est le troisième voyage de la sorte, qui a pour but de familiariser les étudiants avec les traditions picturales européennes devant les tableaux eux-mêmes. Il s'agit sans doute plutôt de voir des primitifs italiens et des œuvres du Greco, car l'itinéraire prévu traverse la moitié nord de l'Italie, puis Madrid et Tolède. Le voyage a été précédé de trois conférences données à la fondation, portant sur les « tendances actuelles de l'art », la « sculpture nègre » et les « méthodes modernes d'enseignement de l'art[276] ». Barnes entraîne quant à lui Guillaume dans les musées de Berlin, Dresde et Munich au début de l'été. Il lui propose ensuite de contribuer à la salle qui porte son nom à la fondation en lui cédant son portrait sur fond bleu par Chirico[277]. En effet, Barnes vient lui-même d'être portraituré par Chirico et imagine peut-être de placer les deux portraits dans cette même salle. Il vient d'y accrocher une toile du Douanier Rousseau, à l'inhabituel format en longueur : *Le Canal* ou *Vue du quai d'Asnières* de 1900. L'œuvre a été exposée à Paris quelques semaines auparavant, dans la section « Trente ans d'art indépendant » au Salon des Indépendants, et Guillaume la lui a signalée ou l'a achetée à son intention[278] ; il y a également acquis pour lui-même un autre portrait de Mme Cézanne. En juillet, plutôt que de lui vendre son portrait par Chirico, le marchand annonce à Barnes qu'il lui en fait don.

Guillaume accompagne Juliette dans le Midi pour l'été ; ils séjournent à Beauvallon dans le Var, à l'élégant Hôtel du Golf, où elle se plaît plus que lui. Le couple y retrouve une clientèle disparate de banquiers, acteurs, hommes de lettres, véritable « petite société d'exilés » comprenant heureusement les peintres Dunoyer de Segonzac, Signac et Mangin. Si le climat est profitable à Juliette, lui s'y ennuie et fait des allers-retours à Paris. Il parcourt aussi la région à la recherche de tableaux à acheter mais ne trouve rien : « Aucun primitif, aucun Corot, aucun Renoir, aucun Cézanne [279] !!! » La route du Midi fournit à Guillaume d'autres réflexions, car il profite du voyage pour découvrir le musée de Grenoble, auquel il a déjà donné une œuvre, mais où il ne s'est peut-être jamais rendu. Sur place, il est ébloui par le grand *Intérieur aux aubergines* de Matisse. Il écrit alors directement à Paul Mistral, maire de Grenoble, et lui propose la somme considérable de 200 000 francs pour l'acheter. Ce dernier refuse quelques jours plus tard en faisant valoir que l'artiste en a fait don lui-même et que le panneau appartient aux collections de la ville [280]. Guillaume le sait certainement et s'est apparemment bien gardé de parler de sa démarche à Andry-Farcy. Il montre un intérêt inchangé pour la production de Matisse, mais le voit-il durant cet été 1926 ? Cela n'est pas sûr. Il mûrit en tout cas un projet de publication et saisit ce prétexte pour écrire à l'artiste le 13 août et lui proposer de lui montrer sa collection personnelle. Or, par un hasard extraordinaire pour Guillaume, Matisse pense avoir besoin d'argent afin de faire des réparations dans sa maison d'Issy-les-Moulineaux et d'acquérir un appartement à Paris. Il ne décourage donc pas le marchand et lui répond le 29 août en lui proposant une rencontre[281].

Guillaume se rend chez Matisse au mois de septembre et voit chez lui d'autres toiles fabuleuses des années 1910. Ébloui, il propose à l'artiste de les lui acheter, à moins que ce dernier n'ait laissé deviner ses intentions. Mais Matisse n'est pas disposé à traiter à n'importe quel prix. Guillaume ressort de leur rencontre l'esprit en effervescence, mais les idées déjà bien arrêtées, comme il le confie à Barnes : « J'ai revu Matisse et je suis en train de faire une petite affaire avec lui – il y a chez lui depuis dix ou douze ans un très grand et somptueux tableau assez abstrait, représentant quatre personnages au bord d'une rivière. Je voudrais l'acheter et quelques autres de cette époque dont une "Leçon de piano" un peu plus abstraite plus géométrique que votre "Leçon de musique". – Il est consentant en principe mais il a été question jusqu'ici de prix fabuleux, astronomiques. Je vais le revoir incessamment sous peu et discuter d'un arrangement. Mon idée serait de faire de ces 2 tableaux seuls qui en valent la peine une exposition spéciale – et au cours de cette exposition d'avoir une conférence sur Matisse ; cette conférence serait faite par son gendre Duthuit qui est venu me voir et qui est en principe d'accord avec moi. » Guillaume achète finalement quatre œuvres à Matisse, les deux grands panneaux évoqués et deux toiles plus petites, *La Chaise Lorrain* peinte en 1919[282] et probablement une baigneuse de 1909[283].

La Leçon de piano[284] a été réalisée et retravaillée durant l'été et l'automne 1916 et représente Pierre Matisse, le fils de l'artiste, alors âgé de 16 ans mais figuré plus jeune, jouant du piano Pleyel devant la fenêtre ouverte du salon, au rez-de-chaussée de la maison familiale d'Issy-les-Moulineaux. Si elle mêle quelques couleurs tendres, elle confine à l'abstraction et est largement recouverte de gris, peut-être en écho à l'état d'esprit de Matisse durant la guerre. L'œuvre est aussi une expérimentation sur la contemplation d'un intérieur, croisant des évocations du temps et de l'espace, des allusions et des symboles. Guillaume a vu au printemps, à la Fondation Barnes, la seconde version réalisée par l'artiste, achetée trois ans auparavant grâce à lui[285]. Les *Baigneuses* ou *Demoiselles à la rivière*[286], au thème repris de Cézanne, est pour Matisse l'une des « cinq œuvres pivot » de son cheminement artistique. La composition remonte à 1909, lorsqu'il y travaillait pour Chtchoukine. La toile n'a jamais été achevée et l'artiste a longuement retravaillé en 1917 l'aspect de ce tableau montrant des silhouettes féminines disposées sur des bandes. Il y fait sans doute allusion lorsqu'il parlera plus tard de l'importance de l'année 1917 pour l'aboutissement de ses recherches, traduites par la réalisation d'« importantes compositions murales et monumentales ».

Très fier de ces achats magnifiques, pour la première fois directement auprès de l'artiste, Guillaume décide de les exposer le plus tôt possible dans sa galerie. C'est chose faite du 1er au 14 octobre. Le marchand organise une soirée raffinée le 8 octobre, rappelant celles des années précédentes, et réunit des musiciens du groupe des Six, comme il l'apprend à Matisse. Sa lettre donne certaines des seules indications connues sur les choix de Guillaume pour sa galerie : « J'ai trouvé un cadre L. XV extrêmement simple et déchromé qui accompagne avec succès la *Leçon de piano*. Maintenant que mes salles sont nues les deux tableaux sont d'un effet magnifique. Je suis enchante [*sic*] ! J'ai un éclairage à rampe très réussi. Cela fait simple et grand [287]. » Duthuit prononce la conférence prévue, signe éclatant de la reconnaissance acquise par Guillaume dans le monde de l'art. Il y défend l'art des années 1910 de son beau-père [288]. Guillaume a emprunté à Matisse une autre toile pour l'exposition, le *Bouquet de lilas* de 1914 [289], qu'il a fait prendre dans l'atelier du quai Saint-Michel. Mais l'artiste refuse de la lui vendre et Guillaume la lui renvoie ensuite à regret [290]. Le vernissage attire peu de monde, mais il faut refuser des gens pour la soirée. Picasso vient en voisin visiter l'exposition, et c'est un choc qui marquera sa production des années 1927-1928. Guillaume l'écrit lui-même : « Il y a longtemps qu'on n'avait vu des tableaux de cette époque, et puis ce sont des monuments [291]. »

Matisse s'enquiert du destin de ses œuvres achetées par Guillaume qui lui répond : « [...] le nu et la chaise, sans avoir été exposés ni montrés – de sorte que leur présence chez moi a été ignorée – sont vendus à un amateur de Paris, mon ami Georges Bénard, le banquier. [...] Ces toiles ont été parées de cadres anciens magnifiques – le nu a même deux cadres – La leçon de piano est destiné à figurer dans ma collection personnelle quand la maison [?] a [*sic*] laquelle je songe déjà sera trouvée ou construite. Quant aux demoiselles à la Rivière j'avais eu une idée quelque peu impulsive, que je n'aurais pas réalisée sans vous en référer, mais que j'ai abandonné [*sic*] depuis. Si ce tableau n'est pas vendu à un musée ou placé dans une grande collection je le conserverai pour moi-même avec infiniment de plaisir. Vous connaîtrez le sort de ces deux toiles ; il sera honorable ou ne sera pas ! – En attendant, je les laisse exposées rue La Boétie où des quantités de retardataires viennent les voir [292]. »

Guillaume envoie des photographies des œuvres à Barnes, peut-être pour les lui proposer. Il lui annonce que le chapitre au sujet de Matisse tiré de son livre *The Art in Painting* sera lu lors de la soirée, mais on ne sait si cela s'est fait. Barnes s'étonne de la hausse de la cote de l'artiste révélée par Guillaume : « Je demande des prix très élevés de ces tableaux 500 pour la leçon de piano et 700 pour les demoiselles à la rivière » ; il faut lire bien sûr 500 000 à 700 000 francs [293]. On est loin des 200 000 francs qu'il proposait au maire de Grenoble quelques mois plus tôt. Barnes indique avec franchise que les grandes toiles devraient aller dans un musée public et qu'il aura du mal à les vendre à un collectionneur privé [294]. Le marchand, qui ne trouve peut-être pas de débouché commercial et qui est particulièrement attaché aux *Demoiselles à la rivière*, gardera finalement ces deux œuvres toute sa vie.

Le numéro 9 de la revue *Cahiers d'art*, fondée au début de cette année 1926 par le critique Christian Zervos, vient tout juste de paraître, avec un superbe article consacré à Matisse sous la plume de Sylvain Bonmariage : « Henri Matisse et la peinture pure. » Les deux œuvres achetées par Guillaume y figurent en pleine page. Ce dernier espère acheter à l'artiste encore autre chose : « Les Cahiers d'Art, de Septembre, reproduisant [?] 11 tableaux de vous, nouveaux et plus beaux les uns que les autres. Je ferai(s) une folie pour celui dont je joins la reproduction. Je ferai(s) même onze folies, mais je sais que vous n'en désirez pas tant. » Mais il n'arrache apparemment rien à l'artiste[295]. La concomitance de la parution de l'article et de l'exposition chez Guillaume relance en tout cas l'intérêt pour la peinture de Matisse.

Les affaires cosmopolites se poursuivent à la galerie : Guillaume vend des tableaux de Soutine au collectionneur japonais Kojiro Matsukata, qui souhaite fonder un musée dans son pays, et de nombreuses œuvres de Chirico à un marchand de Belgique. Il peut ainsi s'offrir chez Paul Rosenberg une œuvre de Picasso dont il avait envie : une grande odalisque, vue à l'exposition du mois de juin précédent. Événement plus désagréable, il accueille un soir chez lui Breton, qui lui avait demandé rendez-vous, et le chasse après une violente dispute. Le poète se serait montré jaloux de son activité avec Barnes, qui empiète peut-être sur ses achats pour Doucet [296]. Le projet de publication en anglais avec Thomas Munro sous l'égide de Barnes se concrétise : *Primitive Negro Sculpture* paraît à New York. L'ouvrage est illustré d'une quarantaine de pièces acquises par le collectionneur auprès de Guillaume. Il présente les particularités esthétiques de la statuaire africaine, ses traditions, esquisse pour la première fois une datation des objets et veut montrer leur rapport avec l'art moderne. Barnes se montre ravi du résultat et resserre encore ses liens avec Guillaume.

Juste après l'exposition de ses œuvres de Matisse, le marchand fait à nouveau parler de lui. Le 29 octobre 1926, à l'occasion de l'unique « Salon du franc » au palais Galliera, il achète pour 79 000 francs la *Jeune fille en blanc*, magnifique toile néoclassique réalisée par Picasso en 1923 [297]. C'est le plus haut prix jamais atteint par une œuvre de l'artiste, et une nouvelle consécration pour Guillaume, qui a alors aux yeux de Savinio tous les attributs de l'homme arrivé : « Quand il entre, majestueusement enveloppé dans son manteau de fourrure, dans les salles de l'Hôtel Drouot, son arrivée suscite un vaste murmure parmi la foule des amateurs de peinture, qui y sont assemblés, des mécènes, des commissaires-priseurs eux-mêmes qui suspendent leur geste, le marteau en l'air. » Selon lui, le marchand reçoit fastueusement avec des « faisans entiers », s'habille à Londres, et dispose d'un patrimoine « évalué à une centaine de millions de francs », sans doute avec sa collection [298] ! Cette description paraîtrait exagérée si on ne pouvait la rapprocher d'un mot – plein d'autodérision ? –

de Guillaume lui-même adressé ces années-là à Picasso, en voisin de la rue La Boétie : « Mon cher maître, Serez-vous à votre atelier Vers 3H 1/2/4 heures [*sic*] ? Je voudrais profiter de quelques instants de liberté qui me restent pour aller vous présenter mes hommages. Car je dîne ce soir chez M. Doumergue, je chasse demain avec l'Ambassadeur Des États-Unis – Après-demain je fais une belotte avec le Prince de Galles ; C'est assez vous dire si mon temps est va [*sic*] être pris Votre élève respectueux [299]. »

Chapitre 8

L'avenue de Messine et le grand projet d'un musée

1927-1928

Guillaume est à l'honneur à son tour dans les *Cahiers d'art* ouvrant l'année 1927. Le numéro du 1er janvier présente sept œuvres de sa collection personnelle, non rattachées cependant à un article. Guillaume a sûrement discuté le choix des reproductions avec Zervos et compose un ensemble équilibré de chefs-d'œuvre représentatifs de ses choix, de l'impressionnisme à l'art moderne en passant par les arts africains : un « Paysage » d'André Derain, un Renoir représentant une femme lisant (non légendé), une « nature morte » de Cézanne, *Vase paillé, sucrier et pommes*, de 1890-1894, « un masque nègre » (en fait un reliquaire kota), une toile de Picasso de la période bleue datée de 1904, *La Femme à la corneille*, *Les Trois Sœurs* de Matisse, et une autre œuvre de Picasso, d'inspiration cubiste : « La Femme en jaune » (dite depuis *Femme au corsage jaune*) de 1907. On apprend ainsi que ces œuvres se trouvent déjà en sa possession. Mais ce n'est pas tout : Zervos choisit Guillaume pour inaugurer une série d'entretiens avec des marchands et collectionneurs, à paraître dans le supplément *Feuilles volantes*. Les autres entretiens publiés seront ensuite consacrés à certains des plus prestigieux marchands de Paris, Kahnweiler, Berthe Weill, Hessel, Léonce Rosenberg, Étienne Bignou, Paul Rosenberg, et à l'Allemand Alfred Flechtheim.

Zervos envoie à Guillaume son ami Efstratios Eleftheriadis, dit Tériade, passionné d'art devenu récemment critique, et fait effectuer des prises de vues dans l'appartement. Les photographies publiées et celles subsistant dans les archives des *Cahiers d'art* permettent de voir l'aménagement intérieur de cette époque et quelles œuvres le marchand a pu acquérir jusque-là [300]. Guillaume et sa femme y habitent depuis plus de trois ans et n'y ont pas fait de gros travaux, car les ornements et portes sont ceux de la construction. Mais absolument toutes les surfaces sont couvertes d'œuvres d'art. Guillaume a arrangé des accrochages symétriques, autour des cheminées, tout en assurant du confort. On y découvre aussi pour la première fois ses agencements réfléchis d'œuvres africaines. Le contraste est grand avec le désordre de l'avenue de Villiers dix ans plus tôt. Le mobilier en bois sombre est hétéroclite, mais sa sobriété et ses volumes bas permettent de mettre en valeur les quelque cent trente œuvres disposées dans l'appartement.

Les prises de vues concernent majoritairement un double salon, séparé par des portes vitrées, donnant sur

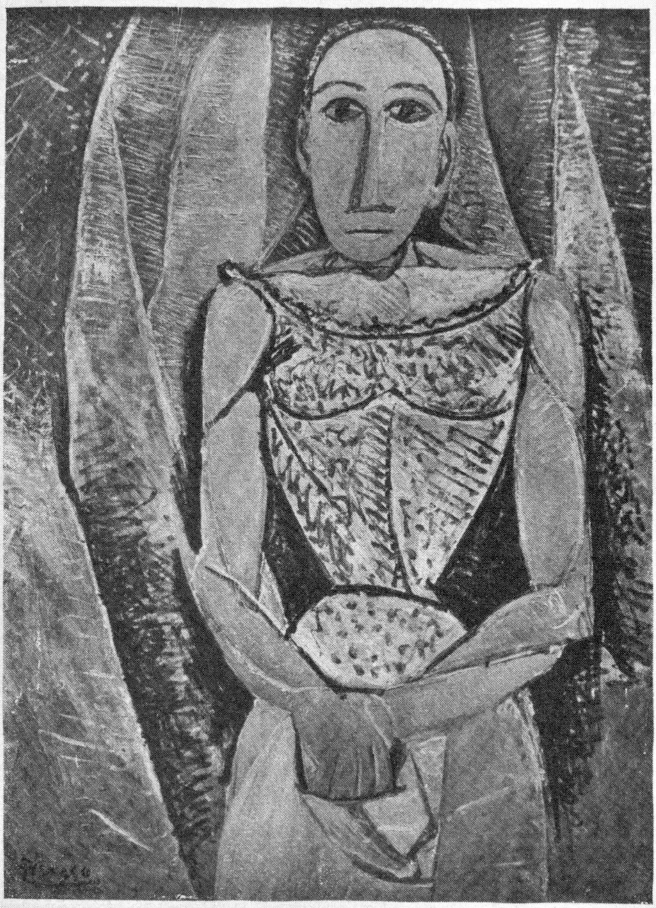

PICASSO *Le corsage jaune.*

1 m. 29 - 94 cm.

25

Reproduction de la *Femme au corsage jaune* de 1907 de Pablo Picasso, dans Waldemar-George, *La Grande Peinture contemporaine à la collection Paul Guillaume*, 1929.
Ce fut l'un des premiers grands formats de Picasso acquis par Paul Guillaume, qui en fit le centre de nombreux accrochages personnels et le garda toute sa vie.

Anonyme, *Vue du salon de Paul Guillaume, 20, avenue de Messine, avec* Les Trois Sœurs *de Matisse au-dessus de la cheminée*, photographie non publiée prise pour *Feuilles volantes*, supplément à *Cahiers d'art*, n° 1, 1927. Paris, bibliothèque Kandinsky, archives de *Cahiers d'art*, don Yves de Fontbrune, 2001.

l'avenue de Messine, et la salle à manger à l'arrière. Guillaume a imaginé pour la partie droite de la double pièce une extraordinaire juxtaposition : *Les Trois Sœurs* de Matisse sont placées au-dessus de la cheminée, qui porte deux hautes statues africaines encadrant une grande statue asiatique tronquée, en pierre. Cet objet, inhabituel par sa provenance et ses dimensions chez Guillaume, est un splendide torse d'Inde centrale en grès rose représentant un Bouddha de l'époque kouchane [301]. Sa couleur chaude s'intègre sans doute bien parmi les toiles colorées. *Les Trois Sœurs* sont entourées du grand *Arlequin et Pierrot* de Derain et de huit petits tableaux dont des Renoir, disposés sur deux rangs, achetés chez Vollard ou Paul Rosenberg. On y reconnaît *Femme à la lettre* de 1890-1895, *La Baigneuse assise*, nu tardif de 1914, le *Bouquet* de 1901 dans un vase vert. Sous les Renoir se trouve un coffre gothique qui supporte plusieurs statuettes africaines disposées de part et d'autre d'un étonnant masque fang couvert d'argile blanchâtre. Il s'agit d'un masque-heaume ngontang de la région du fleuve Komo au Gabon, à quatre visages de tailles différentes, initialement destiné à prévenir l'arrivée des sorciers maléfiques [302]. Tous les objets sont soclés. Sur le mur perpendiculaire, opposé aux fenêtres, *La Maison de Berlioz* d'Utrillo est accrochée au-dessus d'une toile cubiste de Picasso.

Dans l'autre moitié de la double pièce, c'est l'impressionnante *Femme au corsage jaune* de Picasso qui est accrochée au-dessus de la cheminée, entourée de toiles de Matisse des années 1920 dont *Étretat. Poissons sur la grève* et une *Odalisque à la coiffe verte*. Une niche renferme des statuettes africaines, disposées là encore autour d'un masque fang couvert d'argile blanche [303]. Sur le mur perpendiculaire se superposent un Soutine, un Modigliani et une tête de femme de Picasso de l'époque des *Demoiselles d'Avignon* [304]. Des statuettes africaines sont disposées sur un autre coffre médiéval côté fenêtre.

Anonyme, *Vue du salon de Paul Guillaume, 20, avenue de Messine, avec la* Femme au corsage jaune *de Picasso au-dessus de la cheminée*, photographie publiée dans *Feuilles volantes*, supplément à *Cahiers d'art*, n° 1, 1927.
Paris, bibliothèque Kandinsky, archives de *Cahiers d'art*, don Yves de Fontbrune, 2001.

La salle à manger mêle les artistes : le *Portrait de Madame Cézanne*[305], dont Guillaume est si fier, surmonte deux têtes sculptées de Modigliani, elles-mêmes entourées de toiles de tout format et de tout style. Enfin, la salle de bains accueille, par manque de place, des œuvres de Chirico et de Modigliani. Dans l'entretien, Guillaume confesse être plutôt l'ami de ses artistes, tandis que la visite inspire de belles phrases à Tériade. La publication de l'article excite la curiosité envers la collection du marchand, ce dont il se réjouit [306].

Car Guillaume mûrit une grande idée : il veut être le premier collectionneur en France à proposer un musée d'art moderne ouvert au public. Mais il lui faut plus d'espace, et il arrache enfin une promesse de vente à sa propriétaire. L'immeuble lui est proposé pour 1 million de francs, auxquels il faut ajouter 750 000 francs de taxes et de travaux de transformation. Guillaume ne dispose pas de la somme de départ et commet l'erreur stratégique de demander un prêt important à Barnes, qui lui aurait promis un soutien financier. Ce dernier accepte, mais lui impose un véritable plan de bataille pour réduire ses dépenses. Barnes bute ensuite sur un obstacle du droit américain qui l'empêche de tirer la somme convenue de la fondation et propose un montant moindre prélevé de ses fonds propres. Guillaume reçoit peu à peu les courriers contradictoires de Barnes et, disposant de trop peu de temps pour compléter les fonds nécessaires, doit renoncer à son projet. Son orgueil est atteint, car il s'estime moins bien installé que ses confrères « grands et moyens ». Il répond en plusieurs points à Barnes en récapitulant ses efforts, et c'est la première véritable fêlure dans leur relation. Il réussit finalement à vendre des œuvres à des prix inespérés, garde pour lui *La Noce* de Rousseau dont il pensait se séparer, et conclut l'affaire seul [307]. On peut se poser la question du rôle joué par Juliette. A-t-elle trop poussé son mari à demander ce prêt délicat à son client ?

Pour son grand projet d'aménagement, Guillaume, qui a été abonné à la revue *L'Esprit nouveau* de Le Corbusier et Ozenfant, a demandé sans doute dès 1926 des plans à Le Corbusier, qui vient d'achever la demeure mitoyenne de Lipchitz et Miestchaninoff à Boulogne et travaille à celle de Michael et Sarah Stein à Vaucresson [308]. L'architecte lui propose un projet ambitieux : la construction d'une nouvelle façade en verre à l'arrière, sur la rue de la Bienfaisance, et la mise en place de son fameux « plan inversé » – espaces de service dans les étages inférieurs, galerie aux premier et deuxième étages, logement et toit-terrasse couronnant le tout. Les propositions de Le Corbusier, portées sur trente et une feuilles, sont très abouties et conformes à ses idées modernistes. Mais les difficultés financières pour l'achat dissuadent sans doute le couple Guillaume d'y donner immédiatement suite [309].

Lors de son séjour habituel à Paris, à l'hiver 1926-1927, Barnes a rencontré Nathan Wildenstein et son fils Georges en leur hôtel particulier du 57, rue La Boétie, voisin de la galerie de Guillaume. Le collectionneur souhaite revendre l'un de ses tableaux de Véronèse, *Le Baptême du Christ*, mais recherche toujours quelques belles œuvres anciennes. Guillaume a certainement prospecté puis arrangé la rencontre.

Les Wildenstein parlent à Barnes d'une œuvre insigne d'Ingres : le portrait de la vicomtesse d'Haussonville, de 1845, qu'ils viennent d'acheter aux descendants du modèle. Le tableau semble être en route ou déjà arrivé dans leur succursale new-yorkaise du 647 Fifth Avenue, dirigée par Felix Wildenstein, où ils pensent certainement le vendre. Barnes et Georges Wildenstein échangent en janvier une correspondance par l'intermédiaire de Guillaume, car le collectionneur est encore en France ou du moins en Europe. Il décide d'acheter le portrait : les termes de l'accord fixent un prix de 120 000 dollars plus le Véronèse, puis évoluent vers un achat sans le Véronèse à 150 000 dollars.

Mais tout ne se passe pas comme prévu : l'œuvre d'Ingres arrive de New York à Merion alors que Barnes est encore absent, et l'équipe de la fondation juge que l'œuvre est en mauvais état. Felix Wildenstein la fait reprendre pour la réentoiler à New York. Elle est ensuite renvoyée à Merion où, selon Barnes qui est entre-temps revenu, elle se présente toujours dans le même état lors de son déballage. Furieux, il écrit aux Wildenstein et adresse une copie de la lettre à Guillaume, ne se sentant pas obligé d'acheter le tableau – il finit par le refuser. Guillaume tente d'apaiser Barnes mais lui donne raison. Il voit l'affaire échouer avec regret, car il vient justement de visiter le château de Chantilly où il a revu les Ingres du duc d'Aumale. De leur côté, les Wildenstein sont froissés et mécontents d'avoir fait réentoiler le tableau, mais se comportent avec élégance envers Guillaume[310]. C'est la Frick Collection de New York qui le leur achète très peu de temps après, ce qui revient aux oreilles du marchand nostalgique[311].

Barnes s'emploie depuis son retour au réaccrochage dans plusieurs salles de la fondation, ce qu'il illustre par des croquis dans une lettre à Guillaume[312]. Il est lui-même sollicité au printemps par Zervos qui lui demande des photographies de toutes ses toiles de Rousseau, achetées grâce à Guillaume, en vue de la publication d'un ouvrage consacré à l'œuvre de l'artiste. Une seule photographie manque au collectionneur, celle d'un tableau autrefois dans le salon de Guillaume à Paris, *Femme se promenant dans une forêt exotique* de 1905. Parmi les œuvres les plus spectaculaires, on distingue une jungle de 1904, *Éclaireurs attaqués par un tigre*, et un portrait de couple, *Le Passé et le Présent* ou *Pensée philosophique* de 1899. L'ouvrage sur Rousseau paraîtra un peu plus tard dans l'année. Zervos désire aussi une centaine de photographies destinées cette fois à un article sur la fondation, mais il ne semble pas que le projet se soit concrétisé[313].

Guillaume cherche à faire connaître sa collection d'art africain au-delà de la capitale et présente au mois de mai à Lyon une exposition d'« art nègre », qu'il mentionne dans le numéro 13 des *Arts à Paris*. La manifestation se tient dans le cadre du Salon du Sud-Est, fondé en 1925 par des artistes lyonnais pour promouvoir l'avant-garde dans leur ville. Fidèle à lui-même, Guillaume rassemble des pièces de divers propriétaires et soigne leur présentation ainsi que les explications. Le contraste est immense avec une exposition qui se tient simultanément au Musée colonial installé au sein du musée Guimet de Lyon, « Arts dahoméens », montrant des objets rapportés d'Afrique par le père Francis Aupiais. Le Musée colonial a été fondé pour donner suite à l'Exposition coloniale de Marseille de 1922, et une critique parue dans un hebdomadaire littéraire marseillais illustre parfaitement les différences d'approche. Pierre Guerre écrit ainsi dans *Le Bavard* du 14 mai 1927 : « L'Exposition d'Art Dahoméen, du R.P. Aupiais, continue sa piètre exhibition d'inavouables objets de bazar [...] très représentative des ravages artistiques que font les missions en Afrique. Certains missionnaires – et certains généraux – ont "razzié" les fétiches nègres. Quelques-uns l'ont fait, tel le père Maurice, avec intelligence ; d'autres, tel le père Aupiais l'ont fait sans aucun goût. [...] Ce Salon [du Sud-Est] comprend aussi une exposition d'Art Nègre organisée par l'excellent et avisé collectionneur Paul Guillaume qui a réuni plus de cent pièces prises dans les meilleures collections parisiennes. Elle est remarquable tant par la beauté des œuvres exposées que par la minutie avec laquelle elles sont classées et le goût qui a présidé à leur choix et à leur présentation. On y trouve l'Art Nègre ancien. Ici, une exposition avec toutes ses qualités éblouissantes de vie et de réalisme : il est même profondément religieux, n'en déplaise à nos missionnaires trop "humanisateurs". L'Art Dahoméen de M. Aupiais n'est rien à coté [*sic*] de l'Art Nègre ancien. Ici une exposition significative et artistique, là un déballage incohérent. Espérons que Paul Guillaume viendra un jour montrer dans notre ville le véritable Art Nègre [314]. » Le marchand veut faire pression sur les organisateurs pour les allocutions d'accueil, mais on lui rappelle que « l'art nègre » ne figure pas seul au salon, où sont montrées des œuvres de « Seurat, Paul Signac, Cros, Matisse, Marquet, Vlaminck, Derain, etc [315]… ».

Guillaume fait un nouveau don au musée de Grenoble : il s'agit cette fois d'un tableau récent de Giorgio de Chirico, *Les Époux* [316], peint en 1926 et montrant deux bustes de mannequins, thème repris par l'artiste depuis son retour en France en 1924. Le 16 mai 1927 a lieu l'inauguration longtemps attendue des salles des *Nymphéas* de Claude Monet dans l'ancienne orangerie du jardin des Tuileries à Paris, par Édouard Herriot, ministre de l'Instruction publique et des Beaux-Arts. Monet avait promis quelques œuvres sur ce thème à son ami Georges Clemenceau, alors président du Conseil, le lendemain de l'armistice. Le projet s'est transformé en un immense décor immersif disposé dans deux salles ovales dessinant le signe de l'infini. L'artiste est mort depuis près de six mois, et pour la presse, les *Nymphéas* apparaissent comme un ultime avatar de l'impressionnisme, très dépassé.

Sur la route des vacances estivales, Guillaume et sa femme s'arrêtent à Genève pour voir des œuvres à vendre. Le couple retrouve à Beauvallon la colonie habituelle et Poiret, Dunoyer de Segonzac, Colette. Surtout, Guillaume fait la tournée des artistes se trouvant dans la région. Il trouve vide la maison des Collettes de Renoir à Cagnes. Il voit Picasso, « qui n'a fait aucun tableau mais seulement des projets de sculptures bien étranges ». Enfin, il ne trouve pas Matisse à Nice [317], mais achète au Salon d'Automne l'une de ses deux œuvres exposées, la récente *Odalisque à la culotte grise*, typique de sa production niçoise [318].

Guillaume ose enfin faire part de son ambition d'ouvrir sa collection personnelle comme musée dans le numéro 14 d'octobre 1927 des *Arts à Paris* : « Cet hôtel-musée auquel le public aura accès et qui sera peut-être un jour offert à l'État – si celui-ci s'en montre digne – constituera, toujours selon les plans de son animateur, la représentation la plus complète et la plus brillante qui soit au monde après la Fondation Barnes [...] de la grande peinture française depuis cinquante ans. » Afin de préparer une exposition sur Renoir, il reprend le chemin du Midi et rencontre Claude, un des fils de l'artiste, le 1er octobre. Celui-ci lui montre tous les tableaux de son père restés aux Collettes mais déclare qu'il ne veut rien vendre. Le marchand se félicite intérieurement d'avoir acheté des œuvres de Renoir autrefois [319] !

Guillaume change de registre et organise du 3 au 15 novembre à la galerie Bernheim-Jeune, désormais installée au 83, rue du Faubourg-Saint-Honoré, à l'angle de l'avenue Matignon, une exposition consacrée à Jean Fautrier. Il a connu l'artiste quelques années auparavant par l'intermédiaire de Jeanne Castel, demi-sœur plus jeune de Juliette, qui tient la galerie Fabre, rue de Miromesnil. Jeanne est l'épouse de Marcel Castel, garagiste installé rue du Général-Beuret dans le 15e arrondissement, qui noue facilement des complicités avec les passionnés d'automobiles comme Guillaume, Derain ou Léger. Le marchand organise des pique-niques dans l'arrière-salle du garage où il convie des artistes, écrivains et hommes politiques férus d'art et de belles voitures. C'est là qu'il découvre des œuvres de Fautrier, entreposées par Jeanne Castel. L'artiste s'est fait connaître au Salon d'Automne de 1927 avec un *Sanglier écorché* et apparaît comme le jeune espoir de la peinture française. Les deux hommes partagent aussi l'attrait pour les arts africains et océaniens, et le marchand prend l'artiste sous contrat. Fautrier acquiert une ou plusieurs œuvres africaines auprès de Guillaume [320].

Ce dernier envoie finalement des Chirico à Pierre Matisse pour une exposition à la galerie Dudensing en février 1928. La manifestation se révèle un grand succès, de nombreuses œuvres sont vendues et le public est enthousiaste [321]. Guillaume est aussi contacté par Diaghilev qui cherche à vendre deux grands décors réalisés par Picasso pour les Ballets russes et qui lui demande de les proposer de sa part à Barnes [322]. Le marchand passe le message même s'il pense que les dimensions des œuvres sont trop importantes, bien que ce soient « des compositions remarquables ». Lui et sa femme se rendent à Londres en mars, puis dans le Sud-Ouest de la France. Ils séjournent à Carcassonne et visitent Céret, où, songe-t-il avec émotion, ont vécu plus de quinze ans auparavant Picasso et Braque [323]. Le couple se décide à faire de l'avenue de Messine son logement seul plutôt que d'y transporter la galerie. Il s'adresse dans les premiers mois de 1928 à l'architecte autrichien Adolf Loos, établi à Paris depuis 1924, qui vient d'achever la maison de Tzara avenue Junot à Montmartre. Les Guillaume demandent à Loos un projet pour la totalité de l'immeuble. Aucun plan de l'architecte n'est connu, mais une note d'intention de sa main, détaillant le programme envisagé, est conservée[324]. Là encore, le couple ne donne pas suite, peut-être en raison du départ de Loos de Paris en milieu d'année, ou de soucis financiers.

Guillaume acquiert un *Nu couché* de Matisse à la vente de la collection moderne du docteur Soubies le 14 juin 1928. Y a-t-il emmené Barnes ? Le collectionneur se rend en Europe de mai à juillet, avec sa femme et le personnel de la fondation, pour « un véritable voyage de conquêtes » selon Guillaume. Le marchand prépare pour *Les Arts à Paris* plusieurs articles sur les tableaux de maîtres anciens de la fondation et ses récentes acquisitions. Durant ses vacances d'été dans le Midi, il achète plusieurs toiles primitives, qu'il revend aussitôt revenu à Paris, « notamment à des marchands allemands ». Au mois de septembre, sur le chemin du retour, le couple, amateur de bons vins, s'arrête en Bourgogne. Mais Guillaume et Juliette ne sont pas seuls. Une carte représentant une œuvre du Maître de Flémalle, signée et envoyée à Barnes depuis Dijon, montre l'entrée de l'homme politique Albert Sarraut dans leur vie. Ancien gouverneur général de l'Indochine dans les années 1910, Sarraut est ministre des Colonies de 1920 à 1924. Il inaugure l'Exposition coloniale de Marseille en 1922 et publie *La Mise en valeur des colonies françaises*, où sa doctrine de développement économique préconise un programme d'aide aux populations, qui n'est cependant pas suivi. Cet intérêt et son passé de critique d'art le rapprochent certainement de Guillaume, dont il devient un client. Le marchand reproduira dans le numéro de janvier 1929 des *Arts à Paris* quatre œuvres appartenant à l'homme politique, acquises chez lui : un tirage en bronze du *Fou* de Picasso de 1905 (« Arlequin »), un « Masque du XVe siècle, Côte d'Ivoire », une toile de Chirico, les *Muses*, et une *Fillette* de Derain.

Au mois de septembre, il est entendu entre Barnes et Guillaume que ce dernier doit lui racheter trois œuvres de Modigliani pour 8 000 dollars, et vendre pour lui à bon prix un paysage de Derain et un « Picasso précoce », une « Decoration Negre » qui est en fait une « figure bleue et jaune ». Barnes souhaite en vendant ces œuvres rembourser Paul Rosenberg de deux Rousseau, *Le Bateau-lavoir* et *Jeunes filles assises au bois de Vincennes*, et d'un Monet, *Portrait de Mademoiselle Bonnet*, qu'il lui a achetés en juillet pour 12 000 dollars. Le circuit doit s'établir ainsi : Guillaume réglera directement les 8 000 dollars à Rosenberg et ajoutera 4 000 dollars envoyés par Barnes. Mais Guillaume renâcle et trouve les Modigliani surévalués, tandis que Barnes lui fait observer que des marchands new-yorkais les lui achèteraient pour 10 000 dollars. Guillaume s'exécute finalement et le collectionneur lui fait envoyer les

Modigliani en lui indiquant de revendre le paysage de Derain pour 30 000 francs et le Picasso pour 12 000. S'il ne peut les vendre, il doit les proposer à Paul Rosenberg ou Georges Bernheim, mais Guillaume parvient à les vendre 45 000 francs à James Johnson Sweeney[325].

La grande affaire de l'automne pour Guillaume est l'installation et l'ouverture de sa galerie à Londres avec l'un de ses clients, le « Transvaalien » Brandon Davis. Tous deux nomment l'endroit « The Paul Guillaume Gallery ». Le marchand a séjourné dans la capitale britannique avec Juliette dès le mois de mars, afin d'y trouver un local. Il en a alors profité pour visiter une exposition d'œuvres de Derain à la récente galerie Lefevre, où la plupart des toiles étaient déjà vendues. L'exposition était organisée en hommage à l'artiste, connu dans toute l'Europe, qui venait de recevoir le prix de la Fondation Carnegie pour son tableau *La Chasse*, ce qui a encore accru sa célébrité internationale… et ne peut que contenter son marchand et ami. Guillaume suit et encourage Derain, même dans ses changements de style. Il a gagné son pari en misant sur lui, tout comme pour les œuvres de Modigliani dont, à Paris, les « belles toiles valent des prix très élevés ». Guillaume a visité les musées de Londres, dont la National Gallery et la Tate Gallery où il a établi son « quartier général », vu les « grands et petits marchands, grands et petits collectionneurs ». Il a fait la connaissance de Courtauld et découvert avec éblouissement sa collection de Manet, Cézanne, Seurat, Van Gogh… où il a retrouvé *La Loge* de

Renoir et surtout le *Bar aux Folies Bergère* de Manet. Guillaume a proposé à la Tate Gallery d'y montrer sa collection personnelle. Le projet a été bien accueilli, mais le musée doit d'abord rénover ses salles touchées par l'inondation de la Tamise de janvier 1928 et n'y donnera pas suite[326].

Guillaume ne tient pas à dégarnir sa galerie de Paris pour celle de Londres et achète des toiles de Cézanne, Matisse, Corot, Sisley, Renoir et Rousseau spécialement pour les proposer dans la capitale britannique. Il trouve un espace au 73 Grosvenor Street, dans l'élégant quartier de Mayfair. L'inauguration de la Paul Guillaume Gallery le 15 décembre consiste en une exposition ambitieuse consacrée à des tableaux, sculptures et dessins de Renoir. Le marchand montre une soixantaine de toiles, dont les deux tiers sont prêtés par les fils de l'artiste. Le dernier tiers est composé d'œuvres lui appartenant ou qui sont la propriété de collectionneurs. Guillaume en est très fier. Deux vernissages sont organisés les 12 et 13 décembre. L'invitation mentionne : « Paul Guillaume, Brandon Davis Ltd[327]. »

En 1928, Juliette est portraiturée par deux artistes de ses amis, de manière très différente. Marie Laurencin délaisse ses portraits mondains impersonnels et joue le jeu de la ressemblance pour la représenter. Les cheveux très noirs et les immenses yeux clairs sont bien à elle. On la voit pensive, vêtue d'une robe et d'une écharpe roses, approchant une fleur de son visage, tandis qu'un chien pose ses pattes sur ses genoux, ce qui reprend tous les motifs chers à l'artiste. Marie

Laurencin est devenue une amie très proche de Juliette depuis son retour à Paris. Elle la tutoie et lui confie des préoccupations assez personnelles ou pratiques. Le ton entre elles est plutôt familier, ce qui fait supposer que leur modeste milieu d'origine les rapproche [328]. Juliette apprécie beaucoup ses œuvres. Mais son portrait, empreint de douceur, reflète-t-il vraiment le modèle ? C'est plutôt celui que réalise Derain durant l'hiver qui transcrit sa beauté froide. Les mains croisées, plus apprêtée, Juliette, méconnaissable par rapport à 1920, est vêtue d'une robe et d'une écharpe claires, chapeautée d'une grande capeline, et porte une montre au cadran entouré de diamants. En dépit des tons chauds de l'arrière-plan, où l'on discerne le grand *Arlequin et Pierrot* de 1924 ou son esquisse, son regard et son visage impénétrable donnent une impression de froideur. Est-ce pour elle une manière d'afficher de la distinction ? La description de Waldemar-George est révélatrice : « Une tête de patricienne du Bas-Empire romain, ou d'une vierge byzantine. Un visage [...] rongé par une fièvre intérieure [329]. » Le portrait est apprécié et sera reproduit plusieurs fois dans les journaux en 1929.

Chapitre 9

Chassé-croisé : la rupture avec Barnes et l'exposition de la collection personnelle. Le géant aux pieds d'argile

1929-1934

Guillaume fait un rapide séjour à Barcelone au début du mois de janvier 1929, puis revoit Barnes et sa femme lors de leur séjour habituel à Paris. Ce sont parmi leurs dernières rencontres. Barnes et Guillaume voient ensemble *Danse à la campagne* de Renoir, peut-être chez Durand-Ruel. L'œuvre ne séduit pas le collectionneur qui lui préfère une autre toile de l'artiste, *La Sortie du Conservatoire* de 1877, qu'il achète un peu plus tard 60 000 dollars à la galerie Cassirer. Le prix ne semble pas excessif à Guillaume qui le félicite de cet « enrichissement considérable » pour la fondation [330].

C'est alors que se produit un coup de tonnerre. Guillaume a souhaité publier en français *Primitive Negro Sculpture* sous le titre littéral *La Sculpture nègre primitive*. Mais il a entièrement retravaillé la publication, dont les textes sont amputés, et dont l'iconographie est très différente. S'est-il naïvement imaginé qu'il pourrait expliquer ces changements à Barnes ? Il lui envoie un exemplaire dédicacé que le collectionneur prend très mal. Ce n'est pas une traduction mais une « castration » selon lui : il trouve le travail de Munro injustement écarté. Furieux, il exprime sa déception devant ce qu'il voit comme un manque d'ambition et une occasion manquée[331]. Il reproche aussi au marchand d'avoir écrit des mensonges, et d'ajouter qu'il a choisi et acheté lui-même ses œuvres africaines parmi tout ou partie du stock de Guillaume pendant des années, en payant même des prix supérieurs. Barnes est de retour en Europe en juin et juillet et réécrit à Guillaume, car il a pris également connaissance du livre de Waldemar-George sur la collection de ce dernier. Il est furieux des assertions le concernant dans l'ouvrage. Selon lui, si Guillaume l'a bien accompagné chez les marchands et collectionneurs et a reçu des commissions pour les transactions effectuées, il ne l'a jamais influencé dans ses choix. C'est au contraire lui-même qui a conseillé au marchand des achats pour sa collection. Il lui annonce abruptement depuis Florence qu'il n'est plus le « secrétaire Étranger » de la fondation et qu'il enlève son nom de la salle qui lui est dédiée.

Guillaume est pris par surprise et répond tout d'abord par une lettre aux termes mesurés. Il reconnaît s'être rebellé avec « regret [...] devant une rigueur » au « caractère tracassier ». Il ne veut garder en tête que « le caractère élevé des relations d'amitié et de travail » qu'ils partageaient depuis des années, durant lesquelles il a mené à ses côtés « un combat dont le temps présent et les années qui vont venir témoigneront de sa qualité exceptionnelle, de sa grandeur, de sa beauté [332] ». Barnes enfonce le clou dans une autre lettre plus brève et le ton de Guillaume change alors : il commence sa courte réponse par « Mon pauvre Barnes » et conclut de manière ambiguë par « Sentiments choisis ». Le collectionneur lui envoie le 25 juillet une lettre définitive sous la forme d'une analyse psychologique, assez clairvoyante, traitant Guillaume de mégalomane, plein d'illusions de grandeur, trop émotif pour ne pas être déséquilibré et la proie de flatteurs [333]. Les affaires en suspens se traitent désormais entre les secrétariats des deux hommes. Que penser de cette fin brutale de leurs relations ? La fortune de Barnes l'autorise à aborder n'importe quel marchand. La renommée de Guillaume, maintenant un homme mûri, et son achat de l'avenue de Messine lui permettent de mener ses projets seul. C'est cependant une triste conclusion à une étroite collaboration qui excédait le cadre commercial et s'épanouissait en profonds échanges intellectuels. C'est un manque à gagner financier aussi pour le marchand, qui a peut-être trop adapté le contenu de ces ouvrages à sa promotion dans les milieux parisiens.

L'année 1929 a pourtant bien commencé pour Guillaume, qui mûrit une entreprise ambitieuse : l'exposition de sa collection de peintures à Paris afin de la révéler au grand public. En effet, il confirme son projet d'installation d'un hôtel-musée dans le numéro 16 de janvier des *Arts à Paris*, qui comporte aussi un article de Basler sur les arts d'Océanie, et bâtit le programme de sa galerie londonienne. Il y présente en février et en mars « Paintings by Duncan Grant, from 1910 to 1919 ». L'artiste est membre du groupe de Bloomsbury, ami et condisciple du peintre et critique Roger Fry. Quant à sa collection personnelle, sa galerie parisienne étant trop exiguë, Guillaume s'accorde avec la galerie Bernheim-Jeune pour occuper ses récentes et vastes salles à l'éclairage zénithal, mais ne veut pas déflorer sa collection. On lit donc dans le *Carnet de la semaine* du 20 janvier, à l'occasion d'une exposition de marchands qui se tient à la galerie de la Renaissance, 11, rue Royale : « Pourquoi MM. Paul Rosenberg et Paul Guillaume, qui possèdent de si belles toiles, se sont-ils montrés si avares ? » *L'Europe nouvelle* du 1er juin donnera la réponse : « Il est d'usage maintenant que les marchands de tableaux présentent au public, en manière de profession de foi, leur *collection* (le mot collection étant entendu dans un sens différent du sens qui lui est donné par les représentants de commerce). M. Bignon [*sic*], le premier, prêcha l'exemple. La Renaissance réunissait cet hiver un bel ensemble de "collections privées". Aujourd'hui c'est le tour de celle de M. Paul Guillaume. Un guide somptueux, rédigé par M. W. George, commente avec lyrisme l'ensemble exposé chez Bernheim-Jeune [...]. »

Guillaume avait peut-être pensé donner un rôle à Barnes dans cette manifestation, mais leur correspondance est interrompue depuis le mois de mars. Qu'importe, il a d'autres appuis et l'« Exposition de la collection d'art contemporain de Paul Guillaume » chez Bernheim-Jeune, qui doit durer un mois, est inaugurée le 25 mai par un quatuor de représentants de l'État : Pierre Marraud, ministre de l'Instruction publique, André François-Poncet, sous-secrétaire aux Beaux-Arts, André Dezarrois, chef de cabinet, et Paul Léon, directeur des Beaux-Arts. Guillaume présente son exceptionnelle collection de « cent-vingt-six peintures et sculptures », en réalité plus d'une centaine de tableaux et quelques sculptures. Fait remarquable, il a choisi de ne présenter aucune œuvre africaine, à l'exception d'une seule. Il s'agit d'une grande figure de reliquaire fang, « Grande tête "Bieéri" de Pahouins, Gabon », sobre et frappante, qui accueille les visiteurs dès l'entrée telle une signature du marchand-collectionneur. Guillaume a commandé à Waldemar-George un ouvrage pour accompagner l'exposition, *La Grande Peinture contemporaine à la collection Paul Guillaume*, illustré de toutes les œuvres présentées et portant l'*Arlequin et Pierrot* de Derain en couverture. L'auteur dédicace l'un des exemplaires à Éluard [334]. Guillaume diffuse aussi la version française de son propre ouvrage sur l'art africain cosigné avec Thomas Munro.

L'exposition est connue par plusieurs photographies où l'on découvre trois cimaises monographiques dédiées à Renoir, Picasso et Derain. Le mur des seize œuvres de Picasso est accroché sur deux rangs et montre plusieurs des recherches successives de l'artiste depuis la période bleue. Comme avenue de Messine, c'est la *Femme au corsage jaune* qui forme le point central de l'accrochage. Mais Guillaume a ajouté des figures monumentales du « retour à l'ordre », la

Anonyme, *Exposition de la collection personnelle de Paul Guillaume à la galerie Bernheim-Jeune*, rue du Faubourg-Saint-Honoré, mai-juin 1929. Photographies. Paris, musée de l'Orangerie, fonds Alain Bouret.
En haut : le mur des Picasso et celui des Renoir ;
en bas : le voisinage d'œuvres de Matisse,
Cézanne et Rousseau, cher à Paul Guillaume.

Grande baigneuse et la *Femme au chapeau blanc* de 1921, ainsi que la *Femme au tambourin* de 1925 [335], aux œuvres cubistes et têtes de femmes de dimensions plus modestes accrochées en dessous. En retour se trouvent une douzaine d'œuvres de Renoir disposées autour d'un seul grand format : une version des *Jeunes filles au piano* peinte vers 1892 [336]. Face aux Picasso se trouve le mur des Derain, artiste le plus loué par la critique dans les comptes-rendus de l'exposition, ce que Guillaume a bien anticipé. Ses trente-deux œuvres, natures mortes, portraits, figures et quelques paysages, composent plus du quart de l'exposition. Albert Sarraut prononce une conférence le 4 juin, assis juste sous le grand *Arlequin et Pierrot*, portrait de leur hôte, face au public qui contemple les œuvres. Le grand panneau est entouré de petites ballerines et natures mortes ainsi que de grands nus voluptueux.

Les autres cimaises sont plus disparates et mêlent différents artistes : les deux versions de *Madame Cézanne* maintenant possédées par Guillaume entourent la *Carriole du Père Junier* de Rousseau et surmontent son *Enfant à la poupée*. En retour sont placées les œuvres de Matisse de la période niçoise, de moyen format : intérieurs, odalisques, et *Étretat. Poissons sur la grève*. On trouve en tout dix-huit œuvres de l'artiste. Si la *Leçon de piano* forme le centre d'une cimaise éclectique, les *Demoiselles à la rivière* sont absentes. Les piliers carrés de la galerie et la salle du fond sont intégralement recouverts d'œuvres. On en reconnaît dix-huit de Modigliani, dont trois

Anonyme, *Albert Sarraut prononçant une conférence le 4 juin 1929 sous l'*Arlequin et Pierrot *de Derain, lors de l'exposition de la collection personnelle de Paul Guillaume à la galerie Bernheim-Jeune, rue du Faubourg-Saint-Honoré,* 4 juin 1929. Photographie. Paris, musée de l'Orangerie, fonds Alain Bouret.

portraits de Guillaume et un autre de Cocteau, mais un seul nu. Enfin d'autres artistes prisés du marchand se signalent par une ou deux œuvres : Marie Laurencin, Fautrier, Goerg, Pascin, Rouault, Vlaminck. Les rares sculptures présentées sont des œuvres de Matisse, Modigliani et Lipchitz, disposées sur des sellettes ou un bureau.

Guillaume a toujours plusieurs projets en cours et envoie en mai et en juin à sa galerie londonienne quatorze peintures de Marie Laurencin. Le marchand et l'artiste se connaissent depuis plus de quinze ans ! Il soutient sa galerie londonienne en achetant chaque mois un encart publicitaire dans le prestigieux *Burlington Magazine*, de février 1929 à novembre 1930 [337]. À Paris, il montre en juin et juillet des œuvres d'Édouard Goerg, arrivé d'Australie en 1900. Goerg a suivi les cours de Maurice Denis, Paul Sérusier et Antoine Bourdelle à l'Académie Ranson jusqu'en 1914, puis y est retourné après sa démobilisation en 1919. La guerre et les conflits familiaux font prendre à son art un tournant dramatique, orienté vers la critique sociale et incarnant l'expressionnisme français des années 1920 et 1930. Lithographe et illustrateur, il produit aussi des œuvres s'apparentant au surréalisme. Guillaume prête également six toiles de Cézanne à une rétrospective de l'artiste organisée dans la galerie du Théâtre Pigalle nouvellement construit, dont le catalogue est écrit par Vollard. C'est une fierté et une reconnaissance pour lui que de compter parmi les collectionneurs de Cézanne. Il donne au musée de Grenoble un second objet africain : un masque de Côte d'Ivoire, de la population dan [338].

L'automne est marqué par un cataclysme économique, le krach des 24 et 29 octobre à la Bourse de New York, qui entraîne l'effondrement de l'économie américaine, diffuse ses conséquences jusqu'en Europe et porte un coup terrible au marché de l'art [339]. La monnaie française a déjà été fortement dévaluée l'année précédente par le président du Conseil Raymond Poincaré. Le franc de 1928 ne vaut plus que le cinquième de la contrepartie en or du franc d'avant 1914. Pour Guillaume, qui a perdu son principal client et veut garder sa collection, la situation est sans doute préoccupante. Il tente encore de se rapprocher de Matisse car il recherche des œuvres solvables à exposer en décembre dans sa galerie londonienne, qui assure des entrées en livres sterling, devise plus forte. Il y ouvre une exposition dédiée à la peinture française où figure notamment une œuvre de l'artiste réalisée vers 1919, *Intérieur à Nice*, qu'il a achetée à la galerie Hutchinson de Londres et qu'il revend à la galerie Knoedler, implantée dans la capitale britannique et à New York [340].

Guillaume et sa femme tournent la page de leurs projets de l'avenue de Messine et cherchent à disposer leur collection dans un écrin à la hauteur de leurs ambitions. Ils louent à partir de l'automne 1929 un gigantesque appartement de six cent cinquante mètres carrés au 22 de l'avenue du Bois, qui est encore l'artère la plus élégante de la capitale, où ils font des travaux en vue de leur installation prévue le 15 février 1930 [341]. Les tableaux de la collection y sont peut-être déjà entreposés. Pour Guillaume, c'est une revanche symbolique sur le passé. Le voici l'égal d'Alphonse Kann et de Jacques Doucet. Il a traversé le miroir… et Juliette avec lui. Fidèle à ses habitudes, il fait imprimer un papier à en-tête à cette adresse. Mais voici que quelques semaines plus tard, l'avenue est rebaptisée du nom du maréchal Foch, en hommage au héros de la Grande Guerre. Toute la symbolique est perdue ! En mai, il publie sous le pseudonyme de Jacques Villeneuve un billet dans *Les Arts à Paris*, s'insurgeant contre le nouveau nom de l'avenue.

Autre consécration, après trois tentatives infructueuses, un décret du 7 avril 1930 le nomme chevalier de la Légion d'honneur en qualité d'« éditeur et critique d'art » et « directeur de la Revue des Arts[342] ». Le dossier, appuyé par Sarraut, récapitule sa situation militaire, mentionne « 22 années de service » – il en faut vingt-cinq au service de la France – et détaille toute son activité en faveur de l'art, en France et à l'étranger. Guillaume est devenu entre-temps conseiller du commerce extérieur et arbitre expert près le tribunal de commerce de la Seine. Averti de la bonne nouvelle, il doit proposer un récipiendaire de l'ordre pour y organiser sa propre réception et écrit au général Dubail, grand chancelier de la Légion d'honneur, le 19 avril afin de proposer « Ambroise Vollard, homme de lettres ». On ne connaît pas de compte-rendu de la remise de la décoration, mais elle a certainement donné lieu à une réception. Van Dongen brosse le portrait de Guillaume, en nœud papillon et costume croisé, dans de subtiles harmonies de bleu et de gris, arborant le ruban rouge[343].

Le marchand a-t-il des soucis financiers ? Le jeune journaliste et secrétaire du Théâtre Pigalle Pierre Lazareff annonce le 14 octobre 1930 dans *Paris-Midi* qu'il vendra bientôt sa collection « d'art nègre ».

Guillaume dit « avoir épuisé la question » et vouloir se tourner vers l'art de l'Asie Mineure. Plutôt que de vendre ses œuvres africaines à Paris, il en propose à Londres puis à la Valentine Gallery à New York du 24 mars au 12 avril. L'exposition « An Exhibition of Rare African Sculptures » y montre soixante-quatorze pièces africaines provenant toutes de sa collection et bénéficie d'un catalogue illustré.

Le début des années 1930 est un moment charnière pour la diffusion et l'appréciation des arts africains. Le marché en ce domaine est dynamique à Paris, avec l'apparition de marchands et collectionneurs d'une nouvelle génération comme Charles Ratton [344]. Une exposition très importante organisée par Ratton, Tzara et Pierre Loeb a lieu dans la galerie du Théâtre Pigalle en février 1930 ; Guillaume y prête quelques œuvres [345]. L'année 1931 est marquée par la vente de deux collections majeures d'art africain, la collection Éluard-Breton et celle de Georges de Miré, mais aussi par l'immense Exposition coloniale internationale. Le nouveau musée des Colonies et de la France extérieure construit à cette occasion porte Dorée accueille ensuite, en 1932 et 1933, une exposition en l'honneur de l'ouverture de sa galerie des Arts indigènes. Guillaume y est prêteur, tout comme l'une de ses clientes, Helena Rubinstein, fondatrice d'un empire de la beauté, qui étoffe sa propre collection [346].

À cette époque, il rassemble en un album les photographies des œuvres africaines et océaniennes probablement passées par ses mains. Ces photographies et leur comparaison avec les objets visibles

L'éclectisme des *Arts à Paris* : « Bronze du Bénin » et « Diptyque École flamande (XIVe siècle) » de la collection Paul Guillaume, dans *Les Arts à Paris*, n° 17, mai 1930. Paris, musée de l'Orangerie, fonds Alain Bouret.

sur les reproductions des intérieurs du marchand-collectionneur permettent d'avancer un premier chiffre à propos de sa collection. Constituée sur près de vingt ans, des années 1910 aux années 1930, elle comporte plus de huit cent trente objets, sans compter ceux vendus en Suisse à Han Coray [347]. Ces objets proviennent majoritairement des colonies françaises de Côte d'Ivoire (populations gouro, baoulé et dan) et du Gabon, alors le Congo français (populations fang et kota). Cela n'est pas dû au hasard car leur aspect esthétique – un bois lisse et poli plutôt qu'une surface contrastée – est le plus apprécié des « collectionneurs de pièces anciennes[348] » du début du XXe siècle. Rappelons aussi que les œuvres correspondent à ce qu'il est alors possible de se procurer dans les colonies, qui en dictent la provenance.

Parmi les œuvres africaines, Guillaume est particulièrement attiré par celles de la population fang, et spécifiquement les figures de reliquaires ou « byeri ». Les deux plus célèbres lui ayant appartenu sont maintenant conservées à Paris et New York[349]. Le marchand partage ce goût pour les pièces du Gabon avec quelques autres collectionneurs comme Hessel. Est-ce un attrait profond ou la facilité d'importation qui les motive ? Tout cela constitue un goût dit « classique[350] » en contraste avec les objets anthropozoomorphes assez schématiques que prisaient plutôt Picasso et les artistes fauves avant 1914. Ces objets ont sans doute influencé Guillaume, qui a commencé par acquérir des pièces de ce type avant la guerre, avant de les confier à Zayas. Des collections de cette ampleur sont cependant restées très rares. On peut aussi observer que, étant donné la précocité de l'engagement de Guillaume dans l'acquisition et la diffusion de l'art africain à Paris, il n'a pas suivi un goût mais a beaucoup plus probablement contribué à le créer[351].

L'originalité de Guillaume réside aussi dans la publicité qu'il fait pendant plus de vingt ans à ses convictions et dans la permanence de son engagement pour la reconnaissance esthétique de l'art africain, d'une manière propre à son époque, par des événements, articles, essais et expositions. L'appréciation des objets africains comme œuvres d'art lui paraît une conquête, mais il faut constater que son refus de repères ethnographiques détache aussi ces pièces de leur contexte et de leur utilisation. De tous ses écrits, il ressort que Guillaume prône une observation directe et une description claire des objets afin d'en favoriser l'étude et la discussion. C'est donc une révolution ou une évolution du regard qu'il bâtit peu à peu, devenant l'un des plus importants acteurs de la double promotion de l'art moderne et des arts africains, placés sur un pied d'égalité [352].

Quant à sa collection de peintures, en 1930, Guillaume consent des prêts pour des expositions à l'étranger, soit afin d'y susciter de nouvelles opportunités, soit pour mettre en valeur ses possessions. Il envoie ainsi quatre œuvres de Rousseau, dont *La Noce*, du 27 octobre au 14 novembre dans une galerie nouvellement ouverte à New York par Marie Harriman, *Les Trois Sœurs* de Matisse à la Valentine Gallery, et l'une de ses deux versions de *Madame Cézanne* au Stedelijk Museum d'Amsterdam puis à Détroit en 1931 [353]. Mais la situation est moins heureuse dans sa galerie londonienne où il est en désaccord avec son associé. Brandon Davis ne veut pas seulement exposer de l'art « français » et souhaite montrer plus souvent l'école anglaise. Cela ne convient pas à Guillaume qui y voit sans doute trop peu de débouchés, et les deux hommes se séparent à la fin de l'année. Brandon Davis décède brutalement à Londres quelques semaines plus tard, le 27 janvier 1931[354].

Au début de l'année 1931, Guillaume est sollicité pour participer à l'organisation d'une importante rétrospective consacrée à Matisse qui doit avoir lieu à Bâle, ou au moins y prêter des œuvres. Il rencontre en février Carl Egger, conservateur adjoint de la Société des beaux-arts de la ville et organisateur de l'exposition. Ce qui pourrait être une source supplémentaire de fierté pour le marchand prend un tour différent. Il préfère traiter directement avec Matisse et lui soumet ses exigences le 17 février dans une lettre capitale pour ce qu'elle nous révèle de sa collection mais aussi de son caractère. On apprend qu'il possède alors vingt-cinq tableaux de l'artiste et qu'il n'accepte de les prêter que si on peut lui « accorder une petite salle particulière pour l'ensemble constituant [sa] collection » au lieu de les répartir dans un circuit chronologique, car « la collection considérée comme unité se diluerait dans un ensemble et le profit que pourrait y trouver celui-ci ne compenserait pas la dépréciation que risquerait d'éprouver celui-là ». Le marchand-collectionneur prétend qu'il serait lui-même disposé à tout prêter, y compris les *Demoiselles à la rivière* et la *Leçon de piano*, mais que sa femme, qui est sa « collaboratrice » dans toutes ses entreprises, a présenté de fermes « objections[355] ». Guillaume s'abrite donc derrière Juliette pour justifier ses exigences. Mais l'influence de celle-ci suffit-elle à expliquer cette réticence orgueilleuse ?

La vérité est à chercher en partie ailleurs. Il se trouve que Matisse a effectué deux voyages aux États-Unis l'année précédente, sur la route de Tahiti et au retour, et qu'il a rencontré Barnes en septembre. Ce dernier lui a fait les honneurs de la fondation et lui a passé commande d'une grande décoration pour l'intérieur du bâtiment : trois lunettes sur un thème de son choix, que Matisse dédie à la danse. Guillaume ne peut l'ignorer et doit concevoir de l'amertume face aux liens noués entre les deux hommes sans qu'il ait eu de rôle à y jouer. Il sait que lui-même n'a jamais créé de liens de confiance avec l'artiste. Il prévoit de discuter avec Matisse fin avril ou début mai, mais on ne sait si la rencontre a lieu.

L'exposition est précédée d'une autre manifestation dédiée à Matisse, à la galerie Georges Petit à Paris, du 16 juin au 25 juillet, pour laquelle Guillaume prête quatre toiles : *Nature morte aux pommes* de 1916 et trois tableaux de la période niçoise qu'il gardera, *Odalisque à la culotte rouge*, *Odalisque à la culotte grise* et *Nu drapé étendu*[356]. Le marchand est finalement intégré au comité d'honneur de l'exposition de Bâle, au côté de quatre de ses confrères, des officiels et de Marguerite Duthuit. Est-ce pour lui forcer la main ? Il ne prête pourtant que cinq toiles sur les cent onze présentées, et pas les plus importantes, qui sont toutes à vendre, comme le signale un astérisque, et effectivement disposées dans l'ordre chronologique dans le catalogue : *La Plage* de 1920, deux toiles de 1921, *La Tasse de café* et *Le Cabinet de toilette*, *Femme à la mandoline* de 1922 et *L'Odalisque au plat* de 1924, qui est reproduite dans l'ouvrage. En revanche, on ne le trouve pas parmi les prêteurs de la triomphale rétrospective qui suit au Museum of Modern Art, du 3 novembre au 6 décembre.

Guillaume poursuit pourtant ses prêts à New York, à la galerie Marie Harriman, où il envoie dix œuvres de Rousseau qui forment le quart de l'exposition consacrée à l'artiste. À Paris, il expose du 25 mars au 7 avril 1931 onze paysages récents de Derain. Le marchand aime ces paysages aux tons chauds et sa clientèle aussi. Nourri de ses séjours réguliers en Provence, l'artiste y déploie des hommages à Cézanne. Il a cessé d'être moderne selon Waldemar-George, ce qui divise la critique, comme en témoigne le numéro spécial « Pour ou contre Derain » publié en janvier 1931 par la revue *Les Chroniques du jour*. Le critique Pierre Courthion, s'il y conspue ce retour au classicisme du peintre, loue néanmoins ses paysages, saisissants « de force et de vérité[357] ». Un ouvrage consacré à l'artiste paraît, dont la couverture est l'*Arlequin et Pierrot* de 1924.

Guillaume prend conscience qu'il faut encore relancer son projet de musée et étendre la connaissance de sa collection. Deux reportages photographiques sont effectués à quelques mois d'intervalle dans son appartement de l'avenue Foch et donnent lieu à deux parutions. André Warnod écrit « Chez le collectionneur Paul Guillaume. Le nouveau visage de l'art » pour le *Conférencia* numéro 20 du 5 octobre 1931, tandis qu'Armand Pierhal publie dans *L'Art vivant* numéro 158 de mars 1932 « L'intérieur d'un grand collectionneur : M. Paul Guillaume ». Les photographies de 1932 sont prises par le talentueux Roger Schall. Guillaume veut-il rivaliser avec celles qui ont révélé au public le studio de Jacques Doucet, publiées dans l'*Illustration* du 3 mai 1930, après la mort de celui-ci ? Ces reportages nous dévoilent l'installation du marchand à son apogée.

Anonyme, *Un salon de Paul Guillaume, 22, avenue du Bois (avenue Foch)*, entre 1930 et 1933. Photographie. Paris, musée de l'Orangerie, fonds Alain Bouret. On voit les œuvres de Renoir affectionnées par le couple Guillaume.

Anonyme, *La Salle à manger de Paul Guillaume, 22, avenue du Bois (avenue Foch)*. Photographie. Paris, musée de l'Orangerie, fonds Alain Bouret. La pièce est décorée notamment de natures mortes de Derain ; on voit le grand panneau des *Demoiselles à la rivière* de Matisse dans l'entrée.

On se rappelle que le couple a prévu plusieurs mois à l'avance son emménagement et a fait des travaux. L'appartement, construit en 1893, a été dépouillé de tous ses ornements, moulures et boiseries, certaines portes ont été enlevées, d'autres remplacées, pour former un intérieur moderne, seulement souligné de puissantes corniches. Il se développe en équerre de l'avenue Foch vers la rue Chalgrin, une pièce en rotonde ponctuant l'articulation. Les immenses volumes des pièces de réception, « aux dimensions babyloniennes » selon Pierhal, permettent à Guillaume d'accrocher véritablement sa collection de manière muséale. C'est de toutes ses installations la plus belle et la mieux adaptée à son but. L'entrée monumentale accueille les Picasso cubistes et les grands Matisse, dont les *Demoiselles à la rivière*, qui prennent toute leur dimension et sont ponctués de trois sculptures disparates, antiques et moderne, sur de hauts socles. La succession des pièces de réception révèle un accrochage un peu semblable à l'exposition de 1929. Dans la pièce en rotonde, baignée de lumière, les *Jeunes filles au piano* dominent la cheminée et un mur de Renoir ; elles font face aux *Madame Cézanne* mêlées à des Rousseau, des Derain et de très petits formats. Un très grand salon montre les grands nus de Derain, en regard de l'*Arlequin et Pierrot* et des *Trois Sœurs*, tandis que la salle à manger regroupe de manière assez classique les natures mortes de Vlaminck, Cézanne et Derain, ainsi que les petites ballerines du même artiste.

Partout sont disposés des tables et meubles disparates, coffres médiévaux et fauteuils Renaissance espagnole de l'avenue de Messine, fauteuils clubs en cuir typique de l'Art déco et fauteuils cannés dans le style du XVIIIe siècle. Si les murs ont une couleur neutre, les rideaux sont en taffetas rouge et vert, selon Pierhal. Guillaume ne souhaitait pas engager de décorateur et cela se voit car, si l'ameublement laisse la part belle

Anonyme, *Un coin du grand salon, 22, avenue du Bois (avenue Foch)*, photographie publiée dans l'article d'André Warnod « Chez le collectionneur Paul Guillaume. Le nouveau visage de l'art », *Conférencia. Journal de l'université des Annales*, n° 20, 5 octobre 1931. On voit le grand *Arlequin et Pierrot* de Derain, emblème de la collection de Paul Guillaume.

aux œuvres, son manque d'unité est criant. La demeure n'a rien à voir avec les pièces redécorées de manière sobre mais extrêmement raffinée par Jean-Michel Frank pour les Noailles en 1926 ou le studio de Doucet, dont l'harmonie moderniste a été pensée jusqu'aux boutons de porte.

C'est le bureau de Guillaume qui lui ressemble le plus, sans doute la pièce qu'il a aménagée seul sans en référer à sa femme. C'est le seul endroit où l'on voit des œuvres africaines, disposées à intervalles réguliers sur de superbes bibliothèques basses et modernes en bois. La grande tête fang qui accueillait les visiteurs chez Bernheim-Jeune se retrouve au centre de l'une d'elles, sous un grand *Arlequin* de Derain. Le mobilier est homogène, complété par des fauteuils clubs en cuir. Aux murs sont accrochées de nombreuses demi-figures de Modigliani et de Derain. Enfin, dans les chambres séparées du couple, telles que c'est encore l'usage, on voit que Guillaume garde le portrait de sa femme par Derain, de grands portraits de Modigliani, et quelques maîtres anciens, tandis que Juliette s'arroge les tableaux de Marie Laurencin. Les œuvres varient parfois entre 1931 et 1932, ce qui laisse penser que certaines d'entre elles ont été vendues. À cette époque, les Guillaume emploient cinq personnes à leur service [358]. En effet, si les pièces paraissent vides de toute présence humaine, cela ne reflète pas l'intense vie sociale du couple, dont les réceptions sont complaisamment relatées dans la presse.

Guillaume est plus généreux envers la rétrospective consacrée à Picasso, organisée à la galerie Georges Petit à partir du 16 juin 1932, puis au Kunsthaus de Zurich, que pour celle de Matisse. Les cadres des œuvres du musée de l'Orangerie ont conservé les étiquettes de l'exposition, avec parfois leur numéro écrit au crayon de couleur bleu. Le marchand-collectionneur prête ainsi un grand pastel, *L'Étreinte*

Anonyme, *Le Cabinet de travail de M. Paul Guillaume, 22, avenue du Bois (avenue Foch)*, photographie publiée dans l'article d'André Warnod « Chez le collectionneur Paul Guillaume. Le nouveau visage de l'art », *Conférencia. Journal de l'université des Annales*, n° 20, 5 octobre 1931. On voit des œuvres de Modigliani, Goerg, et le « Grand Byeri » aujourd'hui au Metropolitan Museum de New York sous un grand *Arlequin* de Derain.

de 1903, qui reste à Paris ; les grands *Adolescents*, acquis chez Vollard après l'exposition de 1929 car ils n'y figuraient pas ; *La Mélancolie*, de la période bleue (vers 1902), provenant de Michael et Sarah Stein puis Kahnweiler ; la grande *Femme au chapeau blanc*

Roger Schall, *Autre aspect du bureau de M. Paul Guillaume, 22, avenue du Bois (avenue Foch)*, photographie publiée dans l'article d'Armand Pierhal « L'intérieur d'un grand collectionneur : M. Paul Guillaume », *L'Art vivant*, n° 158, mars 1932.

de 1921 ; le *Nu sur fond rouge* de 1906 ; et la *Femme à la corneille* de 1904. Ces mêmes cadres dorés gênent Jacques-Émile Blanche, qui note dans *L'Art vivant* « l'aspect "Salon" ou "musée" que s'arrogent ainsi ces peintures », et pour qui les œuvres de l'exposition sont des « tableaux de chevalet héroïsés » et non de la peinture moderne [359]. Les liens de Guillaume avec l'art moderne et avec Picasso, qui passent par l'art africain, sont encore soulignés vingt ans après par un critique : « Une visite avec son ami Apollinaire aux statues nègres de Paul Guillaume, et voilà notre peintre qui dessine nègre, simplifie, cherche, et tout à coup, ayant trouvé une idole faite d'un simple cube, se divertit en composant des personnages en pièces cubistes [360]. »

Le *Journal officiel* du 31 mai 1932 annonce pour le ministère de l'Instruction publique la nomination de Guillaume, « amateur d'art », au Conseil supérieur des beaux-arts et le prêt pour six mois de l'une de ses *Madame Cézanne* au musée d'Aix-en-Provence. En juillet, Guillaume donne deux œuvres au musée d'Alger – un portrait de Max Jacob par Creixams et une « sépia de Goerg » –, puis en septembre un *Jeune métis* de Derain au musée de Grenoble [361]. Enfin, comblé de rôles et de reconnaissance officiels, il s'inscrit en 1931-1932 à l'École libre des sciences politiques pour deux semestres, ce qui laisse supposer qu'il veut entrer en politique.

Juliette, célébrée pour son élégance et ses talents d'hôtesse, fait l'objet de plusieurs articles à l'automne 1932. Ils sont illustrés de splendides portraits photographiques réalisés par le studio Piaz, ouvert par Teddy Piaz au 122, avenue des Champs-Élysées. Le studio est spécialisé dans les portraits de célébrités et de comédiens. Juliette y apparaît vêtue d'une longue robe du soir. Les éclairages mettent en valeur ses poses très étudiées et son maquillage digne des actrices hollywoodiennes : ses sourcils sont marqués seulement par un trait fin, son rouge à lèvres

Studio Piaz, *Madame Paul Guillaume*, 1932. Photographie.
Paris, musée de l'Orangerie, fonds Alain Bouret.

dessine soigneusement sa bouche. Sur les plans larges, elle arbore une fabuleuse parure de diamants contrastant avec sa chevelure et sa robe sombres : trois bracelets et un long collier formant sautoir, aux motifs « en lanières » selon un dessin moderne de rectangles et carrés encastrés. Juliette arbore aussi une paire de boucles d'oreille dont le filet de diamants se termine par une pierre plus foncée. Ces joyaux provenant certainement d'une grande maison parisienne prouvent la fortune à laquelle est parvenu Guillaume. L'apparence de sa femme rejoint sa description par Waldemar-George lors d'une soirée dans… le garage de Jeanne Castel : « constellée de pierreries et ployant sous le fardeau des gemmes comme une idole barbare [362]. » On voit que Juliette a atteint son but : être riche et célèbre, faire partie du Tout-Paris et en être une figure de proue. Elle a soutenu Guillaume, a partagé avec lui les développements de sa galerie. Mais l'a-t-elle jamais intellectuellement égalé ? En décembre 1932, le marchand réussit à revendre l'avenue de Messine à une compagnie d'assurances pour 1 201 000 francs et le couple se délie ainsi d'un fardeau [363].

Guillaume poursuit ses efforts pour vendre sur le marché américain. Il profite d'une exposition d'œuvres de Derain à la galerie Durand-Ruel de New York pour y associer des objets africains. L'« Exhibition of Paintings by Derain organized by M. Paul Guillaume of Paris » se déroule du 15 février au 10 mars 1933. Trente-deux œuvres de Derain de petit ou moyen format, nus, paysages et natures mortes, y voisinent avec trente sculptures provenant uniquement de la tribu pahouine du Gabon, les pièces les plus appréciées par Guillaume. Les statuettes sont disposées à hauteur de regard aux coins des cimaises tandis qu'au centre de l'espace, une dizaine d'objets sont posés sur une table recouverte d'une nappe. Ils se tournent le dos et sont orientés vers les spectateurs [364]. Certains des objets africains de l'exposition sont envoyés ensuite à l'Arts Club de Chicago pour une autre manifestation qui se tient à la fin de l'année : « Early African Heads and Statues from the Gabon Pahouin Tribe ».

En 1933 à Paris, Guillaume mise sur un artiste au renom plus récent que ses protégés habituels. Issu d'une famille fortunée, Roger Chastel est un illustrateur et peintre. Exposant régulier des Salons parisiens depuis 1923, il a rencontré Guillaume en 1930, qui l'a d'abord aiguillé vers Jeanne Castel. L'artiste a reçu en 1932 le Grand Prix de peinture, doté par Georges Bernheim. Mais par ailleurs, peut-être pour des raisons financières, Guillaume rompt le contrat qui le liait à Fautrier, laissant celui-ci, qui n'a plus exposé depuis 1931, en grande difficulté. Le marchand visite sans doute l'exposition « L'art des Marquises » au musée d'Ethnographie du Trocadéro, à partir du 1er juin 1933.

Le couple Guillaume projette d'abandonner l'avenue Foch en 1934. Est-ce Juliette qui suggère un emménagement dans l'un des immeubles construits par leur ami l'architecte Jean Walter ? Ce dernier se consacre au logement social et aux bâtiments hospitaliers. Il a achevé aussi en 1931 la construction d'un ensemble d'immeubles de luxe situés porte de la Muette, avenue du Maréchal-Maunoury, en lisière de Paris. Il s'y est réservé un duplex de quatre cent cinquante mètres carrés aux derniers étages, bénéficiant de larges baies vitrées et de terrasses offrant une vue extraordinaire sur le bois de Boulogne[365], où il vit avec sa femme Jeanne et leur fils. Walter laisse au couple Guillaume le premier niveau du duplex et rejoint le niveau supérieur, sa famille quittant les lieux. Cette installation étrange laisse peu de place au doute : Juliette est devenue la maîtresse de Walter. Guillaume n'est plus qu'un géant aux pieds d'argile, peut-être ruiné.

Le couple Guillaume donne le change et organise le 27 juin 1934 une réception en l'honneur de son emménagement. L'appartement est fabuleux, bien que très différent de celui de l'avenue Foch, dont on a ramené le mobilier. Guillaume peut accrocher ses œuvres et les pièces en rotonde accueillent les Renoir chers à Juliette, les portraits de Mme Cézanne, les grands Rousseau, l'*Arlequin et Pierrot* et les nus de Derain, les grands Picasso, *Les Trois Sœurs* et les Matisse de la période niçoise, quelques Soutine et quelques sculptures, ainsi que les grandes statues africaines. Un article rend compte de l'atmosphère de cette soirée, parmi les dernières de Guillaume, au soleil couchant. L'une des pièces les plus réussies de « cette somptueuse demeure [était celle] où les fleurs rares et les boiseries précieuses composaient, avec les

Marcel Dupuis, *Un des salons de Madame J. Paul Guillaume voué à Cézanne […] et à Henri Rousseau, avenue du Maréchal-Maunoury*, photographie publiée dans Waldemar-George, « Collections et collectionneurs », *L'Art vivant*, avril 1939. On voit également un tirage en bronze du *Fou* de Picasso entre deux statuettes africaines.

tableaux de Modigliani et du douanier Rousseau une heureuse harmonie […] Tout était à la joie ce jour-là. Des femmes élégantes formaient une guirlande de couleurs claires autour de la maîtresse de maison d'allure hiératique [366] ».

Guillaume montre encore des œuvres de Chirico lors d'une exposition à sa galerie. Mais il tombe malade durant le mois de septembre. Juliette prétend le soigner par magnétisme. Elle ne le fait hospitaliser que tardivement alors qu'une appendicite s'est aggravée en péritonite, comme on le découvre alors. Guillaume est opéré par le professeur Gosset, mais il est trop tard et il meurt le 1er octobre. Un journaliste rappelle à son sujet qu'« un jour, il obtient une distinction que Durand-Ruel et Vollard, ses émules, avaient désirée en vain, celle de membre du Conseil supérieur des beaux-arts. Il ne devait occuper ce poste que bien peu de temps. [...] Et l'on pense au mot d'Apollinaire : je n'ai rencontré dans toute ma vie qu'un homme né sous le signe de la chance : c'est Paul Guillaume ». Après quelques jours de stupeur, la nouvelle de son décès est balayée dans la presse par l'assassinat du roi Alexandre de Yougoslavie le 9 octobre à Marseille. De l'autre côté de l'Atlantique, la *Femme au corsage jaune* de Picasso, l'une des œuvres préférées du marchand-collectionneur, figure fin octobre à la Valentine Gallery, qui organise dans son nouvel espace une spectaculaire rétrospective de l'artiste depuis 1901.

Conclusion

Paul Guillaume avait écrit son testament en avril 1932. Juliette ferme instantanément la galerie suivant ses volontés, mais l'héritage artistique de son mari est rapidement célébré. Une commémoration en son honneur est organisée le 7 décembre 1934 au musée du Trocadéro, où Matisse et Picasso se revoient. Un prix de peinture à son nom est fondé et décerné jusqu'à la guerre. Une exposition se tient du 31 janvier au 7 avril 1935 au Petit Palais à Paris, qui réunit la collection du musée de Grenoble et celle de Guillaume. Barnes offre alors à Andry-Farcy le portrait de Guillaume par Chirico en mémoire du combat de leur ancien ami pour la défense de l'art moderne en France. Simultanément, Juliette envoie cinquante pièces africaines à l'exposition « African Negro Art » qui se tient du 19 mars au 19 mai au Museum of Modern Art de New York. La colossale manifestation organisée par Alfred Barr montre six cent trois objets, provenant de musées et collections privées européens et américains. Photographiée par

Walker Evans, elle reçoit plus de trente mille visiteurs et devient une référence mythique. Juliette fait un voyage aux États-Unis en 1936 pour y entretenir sa notoriété ou peut-être trouver des acheteurs et exposer des œuvres. Elle y expédie peu à peu à Pierre Matisse des tableaux de Derain et des objets africains, pour lesquels elle demande des comptes après la guerre. Elle ouvre enfin en 1936 ses archives à Max Jacob en vue de la publication d'un livre de souvenirs, mais ne réitérera pas souvent l'entreprise.

Guillaume a laissé, parmi deux compléments à son testament, un document demandant que sa collection soit léguée au musée du Louvre, tout en laissant à Juliette la possibilité de vendre des œuvres selon ses besoins. Devenue seule maîtresse de la collection, cette dernière la transforme largement en vendant de nombreuses œuvres pour soutenir son train de vie puis acheter ce qui lui plaît. Elle se défait de toutes les toiles de Chirico et de tous les Picasso cubistes, et revend après la guerre les *Demoiselles à la rivière* et la *Leçon de piano*. Quant aux arts africains, dont on ne sait pas exactement ce qu'il en restait, elle fait don en 1941 de seize objets, principalement des statuettes de gardien de reliquaire et des masques, au récent musée de l'Homme. Ils sont aujourd'hui conservés au musée du quai Branly – Jacques Chirac et au pavillon des Sessions du musée du Louvre. Quelques-uns sont actuellement déposés au musée de l'Orangerie. Juliette achève de se séparer des œuvres africaines en organisant le 9 novembre 1965 une vente publique de cent cinquante-cinq pièces, assortie d'un beau catalogue, qui rapporte 549 000 francs[367]. Les collectionneurs Pierre et Denise Lévy y achètent plusieurs beaux objets, qui feront partie de leur don à la Ville de Troyes en 1976 et se trouvent aujourd'hui au musée d'Art moderne de Troyes[368]. Elle précède les trois ventes à New York des collections d'art africain d'Helena Rubinstein, en 1966, dont les prix s'envolent. C'est un nouveau tournant dans l'appréciation des arts africains. La provenance « Paul Guillaume » est maintenant extrêmement recherchée sur le marché de l'art, que ce soit pour l'art occidental ou les arts africains et océaniens.

Juliette aime plus que tout les impressionnistes et achète de superbes œuvres de Renoir, Cézanne, Monet et Sisley. Alors qu'elle est oubliée du grand public, c'est son achat le 14 mai 1952 d'une magnifique nature morte de Cézanne, *Pommes et biscuits*, pour le prix record de 33 millions de francs, qui révèle sa collection au grand jour. Elle conserve les œuvres modernes de Derain, Soutine, Modigliani, Utrillo, ainsi que les Picasso plus « lisibles », les œuvres de Matisse des années 1920 et *Les Trois Sœurs*.

Parallèlement, la personne de Juliette reste un mystère glacial. Elle prend peur à la mort de Guillaume et imagine que l'héritage de ce dernier va lui échapper en l'absence d'enfant. Elle se fait passer pour enceinte et accueille un bébé né en novembre 1934, nommé Jean-Pierre, qu'elle n'adopte qu'après que Walter l'ait épousée le 25 septembre 1941. Le petit garçon ne reçoit d'affection que de son beau-père. La fortune de ce dernier s'est considérablement accrue à partir de 1935 avec l'exploitation de mines de plomb et de zinc sur des terrains qu'il possède à Zellidja au Maroc. Mais il meurt renversé par une voiture en juin 1957, alors que Juliette et l'un de ses amis, le rhumatologue Maurice Lacour, l'attendent pour déjeuner. Plutôt que d'appeler une ambulance, ils relèvent le blessé et l'emmènent eux-mêmes à l'hôpital de Montargis, où il arrive déjà mort. La situation prend un aspect plus ambigu lorsqu'on apprend que la voiture qui a renversé Walter serait conduite par Jean Lacaze et que Lacour serait l'amant de Juliette, seul capable de la soulager de ses rhumatismes. La voici veuve pour la seconde fois, et elle place son frère à la tête des mines de Zellidja.

Mais c'est la tentative d'assassinat dont est ensuite victime Jean-Pierre qui provoque un scandale retentissant. Il accuse en 1959 sa mère adoptive d'avoir voulu l'assassiner selon une organisation mise au point par Jean Lacaze et Maurice Lacour. Le complot ayant été éventé, une fausse affaire de proxénétisme aurait ensuite été montée contre lui. Un procès est dirigé contre Juliette, son frère et Lacour. L'affaire fait les gros titres des journaux. L'accusée richissime aux deux maris défunts devient « la Diabolique », d'après le titre du film d'Henri-Georges Clouzot sorti en 1955 [369]. Lacaze et Lacour sont emprisonnés plusieurs mois, Juliette est acquittée. Elle est alors déjà en contact avec l'État français pour réaliser le rêve de Guillaume et négocier l'entrée de ses possessions dans les collections publiques. Son ultime interlocuteur est le nouveau ministre d'État aux Affaires culturelles du général de Gaulle, André Malraux, nommé en janvier 1959, qu'elle a certainement connu avant la guerre. L'État lui achète en deux lots ses cent quarante-huit tableaux, par l'intermédiaire de la Société des Amis du Louvre, en 1959 et 1963. Le musée de l'Orangerie, devenu l'un des lieux d'exposition temporaire les plus prestigieux de Paris, lui est proposé pour abriter la collection, appelée « Collection Walter Guillaume » après sa mort, car elle en garde l'usufruit. Des travaux sont entrepris pour aménager les espaces nécessaires : un premier étage est créé auquel on accède par un escalier à double révolution, nanti d'une rampe magnifique due au ferronnier Raymond Subes. Une fois les travaux finis, une exposition est organisée de janvier à septembre 1966 afin de montrer temporairement la collection au public. Malraux préside à l'inauguration le 21 janvier. Juliette meurt le 1er juillet 1977 après une chute à son domicile et les tableaux gagnent alors le musée. Liée à la fin de sa vie à l'écrivain et critique Jean Bouret, défenseur de l'École de Paris mort en 1979, elle lui a laissé des archives partielles. Son fils Alain Bouret en fait généreusement don au musée de l'Orangerie. La collection de Jean Bouret est vendue chez Christie's Paris le 21 octobre 2021.

Le musée de l'Orangerie connaît deux autres campagnes de travaux, dans les années 1980 puis entre 2000 et 2006. Un nouveau parti est choisi, les aménagements antérieurs sont détruits et un sous-sol est creusé pour accueillir la collection ainsi qu'un

Anonyme, *André Malraux contemplant les œuvres de Matisse achetées par Paul Guillaume, à l'inauguration de l'exposition de la collection Walter-Guillaume achetée par l'État*, le 21 janvier 1966, au musée de l'Orangerie. Photographie.

espace d'exposition. L'accrochage est modifié suivant les directeurs et directrices successifs, ce qui permet de varier les regards sur la collection. Le musée de petite taille réussit l'exploit d'attirer un million de visiteurs par an. Ceux-ci retrouvent, au côté des *Nymphéas* de Monet, une part de la magie créée par Guillaume. Il sera passé « comme un météore » selon Vollard, mais nous aura laissé dans le partage de sa collection une part de bonheur.

Remerciements

L'auteure remercie Claire Bernardi, directrice du musée de l'Orangerie, Cécile Girardeau, conservatrice au musée de l'Orangerie, Christophe Leribault, président de l'Établissement public des musées d'Orsay et de l'Orangerie, et Marie-Caroline Dufayet, directrice des éditions, ainsi que Julie Rouart, aux éditions Flammarion, pour leur confiance qui l'honore.

Tous ses remerciements vont à Virginie Berri et Jean-Claude Pierront, au musée d'Orsay, et à Marion Doublet aux éditions Flammarion, sans lesquels ce livre n'existerait pas, ainsi qu'à Clémentine Bougrat, Delphine Montagne, Béatrice Mocquard, Odile Simon et Adèle Ehlinger.

Sa profonde reconnaissance va au professeur Peter Read, auprès duquel elle a tant appris, et à Caroline Guibaud, conservatrice responsable de l'unité Recherche au service de l'Inventaire de la région Auvergne-Rhône-Alpes, pour leur relecture.

Elle remercie, au musée d'Orsay, Agnès Marconnet et Helena Patsiamanis à la bibliothèque, Isabelle

Gaétan et Marie-Josèphe Lesieur à la documentation, pour leur aide, toujours précieuse et amicale, Scarlett Reliquet pour ses connaissances et son soutien, Amélie Hardivillier pour son efficacité chaleureuse, Silvia Christini, ainsi que Marie-Alix Caquelard et Lan-Hsin Arnaud aux Amis d'Orsay et de l'Orangerie.

Elle remercie très chaleureusement au musée de l'Orangerie la responsable de la documentation et des archives, Sophie Eloy-Vignaud, pour leurs échanges éclairants et son aide logistique, ainsi que Nathalie Vaguer-Verdier, Guillaume Fabius, Alice Marsal, Thomas Eschbach, Alice Roubinouwitz et Vincent Sicre de Fontbrune qui prépare un mémoire de master sur *Les Arts à Paris* sous la direction de Thierry Dufrêne à l'université Paris Nanterre ; tout comme Michèle Hornn, ancienne responsable de la documentation et des archives, pour ses connaissances précieuses sur les fonds du musée et la collection africaine de Paul Guillaume.

Sa reconnaissance la plus profonde s'adresse à Amanda McKnight, directrice des archives, de la bibliothèque et des collections spéciales à la Fondation Barnes, qui a mis à sa disposition toute la correspondance de Paul Guillaume avec Albert Barnes, ainsi qu'à Martha Lucy, directrice adjointe pour la recherche, l'interprétation et l'éducation, et Kerry Amos pour les images.

L'auteure remercie tous ceux qui ont bien voulu partager leur savoir avec elle, tout particulièrement Vérane Tasseau, Yaëlle Biro, Charlotte Grand-Dufay,

Sylvie Patry, Victoria Noël-Johnson, Nazim Kadri, ainsi que Vincent Lefèvre, directeur des collections du musée Guimet, Esther Tisa Francini, responsable des archives et de la provenance des œuvres au musée Rietberg de Zurich, et Karen Serres, conservatrice des Peintures à la galerie Courtauld de Londres.

Elle remercie également tous ceux qui ont bien voulu rechercher et lui envoyer des documents, et éclairer ainsi certains aspects de Paul Guillaume :

Au musée de Grenoble : Estelle Favre-Taylaz, assistante de conservation, documentation des collections.

Au musée Bourdelle : Claire Boisserolles, chargée d'études documentaires, responsable des archives, de la bibliothèque et de la documentation.

Au musée des Confluences de Lyon : Christelle Lottin, bibliothécaire documentaliste, service des ressources documentaires, Olivier Garcin, gestionnaire de l'iconothèque, Marie Perrier, chargée de collection Afrique, et Pauline Laugraud, archiviste.

Au musée du Louvre : Charlotte Chastel-Rousseau, conservatrice chargée des collections espagnoles et de la collection de cadres.

Au musée national Picasso-Paris : Virginie Perdrisot-Cassan, conservatrice responsable des sculptures, et Cécile Godefroy, responsable scientifique du Centre d'études Picasso.

À la bibliothèque du musée du quai Branly – Jacques Chirac : Mehdi Ameziane.

Aux Archives Matisse : Wanda de Guébriant (†) et Anne Théry.

À la médiathèque Pierre-Moinot de Niort : Geoffroy Grassin, responsable des collections patrimoniales pour le fonds Henri Clouzot.

À la Bibliothèque historique de la Ville de Paris : Patrick Leboeuf, conservateur, pour le fonds Jean Cocteau.

À la maison Cartier : César Imber, coordinateur Archives et Documentation, et Violette Petit.

À la librairie Le Livre à Sablons, en Gironde : Andrea Dumet.

Enfin, l'auteure remercie pour leurs encouragements Alexander et Istvan de Daranyi, François de Sonis, Bénédicte de Sonis-Rossignol, Xavier du Boisbaudry, ainsi que les conservateurs Marie-Laure de Rochebrune, Isabelle Le Masne de Chermont et Olivier Gabet.

Sa grande reconnaissance va à Laurence des Cars, présidente du musée du Louvre, qui lui a permis de travailler au musée de l'Orangerie, alors sous sa direction.

Notes

Introduction

1. Colette Giraudon, *Paul Guillaume et les peintres du XXe siècle. De l'art nègre à l'avant-garde*, Paris, Bibliothèque des Arts, 1993.

1. Un moderne Rastignac : une rencontre capitale et des débuts prometteurs

2. Acte de naissance dans le registre d'état civil de la mairie du 6e arrondissement de Paris, reproduit dans Giraudon, *Paul Guillaume et les peintres du XXe siècle. De l'art nègre à l'avant-garde*, *op. cit.*, p. 12 ; dossier militaire de Paul Guillaume, Archives de la Ville de Paris ; dépôt judiciaire du testament olographe de M. Guillaume, 11 octobre 1934, étude de maître Robert Audron, 146, rue de Rivoli à Paris, Paris, AN, MC, Et. LXIII, NC, 233, aimablement transmis par Cécile Girardeau.

3. Jean-Louis Paudrat (dir.), « Afrique », dans *Le Primitivisme dans l'art du XXe siècle. Les artistes modernes devant l'art tribal*, Paris, Flammarion, 1987, p. 137.

4. Nécrologie de Paul Guillaume, *Aux écoutes*, 6 octobre 1934, p. 31.

5. Les relations entre Guillaume Apollinaire et Paul Guillaume ont été magistralement étudiées par Laurence Campa et Peter Read. Cf. « Introduction. Apollinaire et Paul

Guillaume, vecteurs et visionnaires », dans Peter Read (éd.), *Guillaume Apollinaire/Paul Guillaume. Correspondance*, Paris, Gallimard/musée de l'Orangerie, 2016, p. 7-19 ; Peter Read, « "La révélation moderne" : Apollinaire et les marchands d'art », dans Laurence des Cars (dir.), *Apollinaire. Le regard du poète*, cat. exp., Paris, Gallimard/musées d'Orsay et de l'Orangerie, 2016, p. 66-81 ; L. Campa, *Guillaume Apollinaire*, Paris, Gallimard, coll. « NRF biographies », 2013.

6. Paul Guillaume, « Les chefs-d'œuvre de la gravure japonaise au pavillon de Marsan. Une délicate impression d'art », *La Vie artistique*, janvier 1911. Premier article archivé par Guillaume dans son album de presse, Paris, musée de l'Orangerie, fonds Alain Bouret.

7. Pierre Assouline, *L'Homme de l'art. D. H. Kahnweiler, 1884-1979*, Paris, Balland, 1988.

8. Campa et Read, « Introduction. Apollinaire et Paul Guillaume, vecteurs et visionnaires », art. cité, p. 8.

9. Cf. cat. exp. *Marie Laurencin* au musée Marmottan-Monet, Paris, 2013.

10. Béatrice Joyeux-Prunel, « La construction internationale de l'aura de Picasso avant 1914. Expositions différenciées et processus mimétiques », dans *Revoir Picasso*, colloque international, Paris, musée national Picasso-Paris, mars 2015, revoirpicasso.fr ; « Le directeur artistique de la galerie Bernheim-Jeune (1906-1924) », dans *Félix Fénéon. Critique, collectionneur, anarchiste*, cat. exp., Paris, musée de l'Orangerie et musée du quai Branly – Jacques Chirac, RMN, 2019, p. 166-184.

11. Cf. « Picasso et les arts "primitifs". Chronologie », dans *Picasso primitif*, cat. exp., Paris, musée du quai Branly – Jacques Chirac/Flammarion, 2017, p. 45.

12. Guillaume Apollinaire, « Les arts exotiques et l'ethnographie », *Paris-Journal*, 10 septembre 1912.

13. Marianne Le Morvan, *Berthe Weill, 1865-1951. La petite galeriste des grands artistes*, Paris, L'Harmattan, 2011 ; « La petite galeriste et le grand artiste », dans *Revoir Picasso*, *op. cit.*

Une exposition sur Berthe Weill est en préparation à New York et au musée de l'Orangerie pour 2024 et 2025.

14. Première lettre connue de Paul Guillaume à Pablo Picasso, 1911 ou 1912, avant septembre 1912, Paris, musée national Picasso-Paris, don Succession Picasso, archives privées de Pablo Picasso, 515AP/C/59. Les relations entre Apollinaire et Picasso ont été étudiées par Peter Read, *Picasso et Apollinaire. Les métamorphoses de la mémoire 1905-1973*, Paris, Jean-Michel Place, 1995, rééd. complétée, *Picasso and Apollinaire: The Persistence of Memory*, Los Angeles/Londres, University of California Press, 2008.

15. Adolphe Basler, « Monsieur Paul Guillaume et sa collection de tableaux », *L'Amour de l'art*, nº 7, juillet 1929, p. 254, cité par Solveig Pigearias et Michèle Hornn, « Paul Guillaume et l'art africain. Histoire d'une collection à la lumière de nouvelles recherches », *Tribal Art*, nº 59, printemps 2011, p. 79.

16. En raison d'une « hernie et varicocèle volumineuse », dossier militaire de Paul Guillaume, aimablement transmis par Cécile Girardeau.

17. Première lettre connue de Guillaume à Apollinaire, 28 mars 1913, Paris, BnF, département des Manuscrits, fonds Apollinaire.

18. Cf. *La Section d'or, 1912, 1920, 1925*, cat. exp., musées de Châteauroux et musée Fabre, Cercle d'art, 2000.

19. *Les Mémoires du baron Mollet*, Paris, Gallimard, 1963, p. 94, et Guillaume à Apollinaire, 28 mars 1913. Pour les intérieurs d'Apollinaire, voir Laurence des Cars (dir.), *Apollinaire. Le regard du poète, op. cit.*

20. Félix Marcilhac, *André Groult (1884-1966), décorateur-ensemblier du XXe siècle*, Paris, Les Éditions de l'Amateur, 1997, p. 47-50.

21. L'avenue d'Antin, actuelle avenue Franklin-Roosevelt.

22. Marius de Zayas, *Quand, comment et pourquoi l'art moderne est allé de Paris à New York*, Atelier Baie, 2020, p. 124.

23. Paolo Baldacci, « 1910-1915. La période parisienne. Chronologie », dans Paolo Baldacci (dir.), *Giorgio de Chirico, la*

peinture métaphysique, cat. exp., Paris, musées d'Orsay et de l'Orangerie/Hazan, 2020, p. 79.

24. Alberto Savinio, *Souvenirs*, Paris, Fayard, 1986, p. 173.

25. Pigearias et Hornn, « Paul Guillaume et l'art africain. Histoire d'une collection à la lumière de nouvelles recherches », art. cité, p. 79-80.

26. Lettres de Guillaume à Apollinaire des 10 et 17 novembre 1913, une autre de novembre 1913, enfin du 27 novembre 1913. Voir aussi Maria Tyl, *Les Cercles de la baronne*, cat. exp., Galerie Le Minotaure et Galerie Alain Gaillard 2022, Paris — Diffusion In Fine éditions d'art, 2023.

27. Baldacci, « 1910-1915. La période parisienne. Chronologie », art. cité, p. 85.

28. Guillaume à Apollinaire, 13 janvier 1914.

29. Lettres autographes de Paul Guillaume à Antoine Bourdelle, 30 janvier et 16 février 1914, Paris, musée Bourdelle, archives Bourdelle, AMR, AB/B.1.13.C75.01 et 02. Aimable envoi de Claire Boisserolles.

30. Campa et Read, « Introduction. Apollinaire et Paul Guillaume, vecteurs et visionnaires », art. cité, p. 10. Projets de M. Berly, vente Dogny Auction, Lausanne, 6 mars 2018, lot 241. Information aimablement transmise par Cécile Girardeau.

31. Pour le projet d'affiche, voir Baldacci (dir.), *Giorgio de Chirico, la peinture métaphysique*, *op. cit.*, p. 85, fig. 60. Enveloppe avec étude pour *L'Énigme du cheval*, Cahier Éluard/Picasso, mai 1911 – été 1914, musée national Picasso-Paris, MP 3590-14, repr. *ibid.*, p. 136, fig. 99B. Dessin à la plume repr. dans Paolo Baldacci, *Giorgio de Chirico. La métaphysique, 1888-1919*, Paris, Flammarion, 1997, p. 193.

32. Cf. Pigearias et Hornn, « Paul Guillaume et l'art africain. Histoire d'une collection à la lumière de nouvelles recherches », art. cité, p. 80, fig. 4.

33. Savinio, *Souvenirs*, *op. cit.*, p. 165-166.

34. Guillaume à Apollinaire, 9 mars et 6 mai 1914.

35. Read (éd.), *Guillaume Apollinaire/Paul Guillaume. Correspondance*, *op. cit.*, p. 28, note 1.

36. Voir les catalogues des expositions de la Fondation Louis Vuitton à Paris *Icônes de l'art moderne. La collection Chtchoukine*, 2016, et *La Collection Morozov. Icônes de l'art moderne*, 2021. Et Yaëlle Biro, « Picasso et les maîtres : exposer et juxtaposer Picasso et les arts africains (1913-1923) », dans *Revoir Picasso*, *op. cit.*

37. Apollinaire à Guillaume, 16 mai 1914.

38. Rodrigo de Zayas, *Marius de Zayas ou les Fins d'un commencement*, Atelier Baie, 2020, p. 35.

39. Baldacci, « 1910-1915. La période parisienne. Chronologie », art. cité, p. 85.

40. Guillaume à Apollinaire, 22 mai et 11 juin 1914.

41. Guillaume à Apollinaire, s. d. [juin 1914], et Read (éd.), *Guillaume Apollinaire/Paul Guillaume. Correspondance*, *op. cit.*, repr. p. 33-34 et 36-37.

42. Savinio, *Souvenirs*, *op. cit.*, p. 166-167.

2. De l'avenue de Villiers au Faubourg-Saint-Honoré. La guerre : catastrophe ou opportunité ?

43. Claudine Grammont, « Matisse comme religion », dans *Matisse, Cézanne, Picasso… L'aventure des Stein*, cat. exp., Paris, Grand Palais, RMN, 2011, p. 226-228.

44. Zayas, *Quand, comment et pourquoi l'art moderne est allé de Paris à New York*, *op. cit.*, p. 124 et 129 ; Read (éd.), *Guillaume Apollinaire/Paul Guillaume. Correspondance*, *op. cit.*, p. 45, note 2.

45. Biro, « Picasso et les maîtres », art. cité, p. 3.

46. Yaëlle Biro, « Paul Guillaume, Marius de Zayas, and African Arts: A Transatlantic Partnership (1914-1923) », dans Christel Force (dir.), *Pioneers of the Global Art Market: Paris-Based Dealer Networks, 1850-1950*, Londres/New York/Dublin, Bloomsbury, 2021, p. 101-117 ; voir aussi la thèse de Yaëlle

Biro, *Fabriquer le regard. Marchands, réseaux et objets d'art africains à l'aube du XXe siècle*, Paris, Les Presses du Réel, 2018, pour laquelle elle a analysé le fonds Brummer — Cloisters Archives Collection, New-York.

47. Baldacci, « 1910-1915. La période parisienne. Chronologie », art. cité, p. 94.

48. Dossier militaire de Paul Guillaume.

49. Portrait sur fond bleu, musée de Grenoble, MG IS 31. Portrait sur fond vert, musée d'Art moderne de Paris, AMVP 2113. Dessin, Paris, musée de l'Orangerie, fonds Alain Bouret.

50. Guillaume à Apollinaire, 26 février et 29 mai 1915.

51. Guillaume à Apollinaire, 25 juin 1915 ; réponse d'Apollinaire, 1er juillet 1915.

52. Guillaume à Apollinaire, 3 et 10 septembre 1915 ; réponses d'Apollinaire, 7 et 15 septembre 1915.

53. Guillaume à Picasso, 30 septembre 1915.

54. *Novo Pilota*, 1915, Paris, musée de l'Orangerie, RF 1963 44, et portrait de 1916, Milan, Museo del Novecento.

55. Portrait tête nue de septembre 1915, Toledo, The Toledo Museum of Art, 1951.382, et autre portrait de 1915-1916, vente Sotheby's New York, 13 novembre 1996, lot 19.

56. Par exemple, New York, Museum of Modern Art, 940.1979, et vente Ader-Nordmann, Paris, Drouot-Richelieu, 24 mars 2017, deux dessins dont lot 202, Guillaume à mi-cuisse, préempté par l'État pour le musée de l'Orangerie.

57. Guillaume à Apollinaire, octobre 1915, et R. de Zayas, *Marius de Zayas ou les Fins d'un commencement*, *op. cit.*, p. 51.

58. M. de Zayas, *Quand, comment et pourquoi l'art moderne est allé de Paris à New York*, *op. cit.*, p. 65.

59. Voir l'article fondamental de Marie-Laure Crosnier-Leconte sur les demeures de Guillaume, « De l'avenue de Messine à l'Orangerie des Tuileries : la collection du marchand d'art Paul Guillaume (1891-1934) ou les avatars d'un musée rêvé dès 1926 », communication à la Société de l'histoire de

l'art français publiée dans le *Bulletin de la Société de l'histoire de l'art français*, 2009, p. 387-421.

60. Guillaume à Tzara, 13 mars, 22 avril et 14 mai 1916 ; Apollinaire à Tzara, 14 décembre 1916 ; Paris, Chancellerie des universités, bibliothèque littéraire Jacques-Doucet, fonds Tristan Tzara. Voir aussi *Dada Africa*, cat. exp., Paris, musées d'Orsay et de l'Orangerie/Hazan, 2017.

61. Paris, musée de l'Orangerie, fonds Alain Bouret, repr. dans Read (éd.), *Guillaume Apollinaire/Paul Guillaume. Correspondance*, *op. cit.*, p. 71.

62. Read (éd.), *Guillaume Apollinaire/Paul Guillaume. Correspondance*, *op. cit.*, p. 72, note 1, et p. 73, fig. 16.

63. Photographie d'Apollinaire dédicacée à Breton, acquisition du musée de l'Orangerie, 2011.

64. Paris, musée de l'Orangerie, fonds Alain Bouret.

65. Guillaume à Picasso, 9 mai 1917, et « 28 avril » entre avril 1916 et avril 1923.

66. Christian Parisot, *Modigliani. Biographie*, Turin, Canale Arte, 2000, p. 179.

67. Read (éd.), *Guillaume Apollinaire/Paul Guillaume. Correspondance*, *op. cit.*, p. 82-83, et M. de Zayas, *Quand, comment et pourquoi l'art moderne est allé de Paris à New York*, *op. cit.*, p. 215.

68. Campa, *Guillaume Apollinaire*, *op. cit.*, p. 654. Pour les échanges entre Guillaume et Apollinaire en octobre 1916 et le dépliant, voir Read (éd.), *Guillaume Apollinaire/Paul Guillaume. Correspondance*, *op. cit.*, p. 78-97. Pour la production de Derain, voir *André Derain. 1904-1914, une décennie radicale*, cat. exp., Paris, musée national d'Art moderne, 2017.

69. Par exemple un portrait de Poiret conservé au musée Carnavalet, à Paris, 13 août 1927, P1992.

70. Bénédicte Renié, *Le Soutien des artistes à la création contemporaine durant la Grande Guerre : les soirées de la salle Huyghens (1916-1917)*, dans Marie Gispert, Catherine Méneux, Emmanuel Pernoud et Pierre Wat (éd.), actes de la

journée d'études « Actualité de la recherche en XIXe siècle », master 1, années 2013 et 2014, sur le site hicsa.pantheonsorbonne.fr, 2015 ; Charles Kunstler, nécrologie de Zborowski, *Les Nouvelles littéraires*, 3 décembre 1932 ; Colette Giraudon, « Soutine, ses marchands, ses mécènes », dans *Chaïm Soutine*, cat. exp., Paris, musées d'Orsay et de l'Orangerie/Hazan, 2012, p. 28-39 ; *Amedeo Modigliani. Un peintre et son marchand*, cat. exp., Paris, musées d'Orsay et de l'Orangerie/Flammarion, 2023.

71. Catalogue repr. dans Read (éd.), *Guillaume Apollinaire/Paul Guillaume. Correspondance*, *op. cit.*, p. 99, voir aussi Biro, « Picasso et les maîtres », art. cité.

72. Affiche repr. dans *Dada Africa*, *op. cit.*, p. 89, fig. 61 ; informations sur la collection Han Coray aimablement transmises par Esther Tisa Francini, Zurich, musée Rietberg.

73. Guillaume à Matisse, 26 mars 1917, Issy-les-Moulineaux, Archives Henri Matisse.

74. Pour une traduction et édition complétée en français : Carl Einstein, *La Sculpture nègre*, Paris, L'Harmattan, 1998.

75. Biro, « Picasso et les maîtres », art. cité, p. 2-3.

76. Deux lettres d'Apollinaire à Guillaume, s. d. [avril 1917].

77. Campa et Read, « Introduction. Apollinaire et Paul Guillaume, vecteurs et visionnaires », art. cité, p. 14.

78. Guillaume à Matisse, juillet 1917. 6 000 francs équivalent à 12 160 euros.

79. Dossier militaire de Paul Guillaume.

80. Bibliothèque littéraire Jacques-Doucet, fonds Tristan Tzara ; il s'agit en fait de statuettes de jumeaux yorubas de la région de Shaki, au Nigéria.

81. Guillaume à Apollinaire, 20 août 1917.

82. Dossier militaire de Paul Guillaume, réformé pour « orchi-vaguialité post-opératoire ».

83. Guillaume à Apollinaire, octobre 1917.

84. Voir l'article fondateur d'Anne Baldassari, « Exposition Matisse et Picasso, galerie Paul Guillaume, Paris, 1918 », dans

« Exposer Matisse et Picasso. Note historique », dans *Matisse. Picasso*, cat. exp., Paris, Grand Palais, Centre Pompidou/RMN, 2002, p. 361. L'hôtel Bristol, ouvert en 1925, se trouve maintenant à l'emplacement de la galerie. La maison Druet va déménager et travailler pour Guillaume, cf. facture dans la correspondance avec Barnes, Albert C. Barnes Correspondence, Barnes Foundation Archives, Philadelphie.

85. *La Potinière*, 20 octobre, et Louis Vauxcelles, 26 octobre 1917, dans *Le Pays*.

86. Campa, *Guillaume Apollinaire*, *op. cit.*, p. 715 ; Guillaume à Apollinaire, 14 et 18 octobre 1917 ; carton et programme repr. dans Read (éd.), *Guillaume Apollinaire/Paul Guillaume. Correspondance*, *op. cit.*, p. 121-124.

87. Claude Arnaud, *Jean Cocteau*, Paris, Gallimard/NRF, 2003, p. 141.

88. musees-troyes.com/art-moderne/decouvrir-la-collection/arts-primitifs/.

89. M. de Zayas, *Quand, comment et pourquoi l'art moderne est allé de Paris à New York*, *op. cit.*, p. 242.

3. Le coup de maître(s) : l'exposition Matisse/Picasso. *Les Arts à Paris*. La mort d'Apollinaire

90. Cécile Debray, « Matisse-Picasso. Une polarité créée par les Stein ? », dans *Revoir Picasso*, *op. cit.*

91. Guillaume à Picasso, 15 et 27 décembre 1917 ; 5, 12 et 16 janvier 1918.

92. Guillaume à Matisse, 14 et 16 janvier 1918. Guillaume a préparé sa lettre du 16 janvier par un brouillon non daté qu'il a conservé, Paris, musée de l'Orangerie, fonds Alain Bouret.

93. Guillaume à Apollinaire, 8 janvier 1918.

94. Guillaume à Apollinaire, 12 janvier 1918, et Read, *Guillaume Apollinaire/Paul Guillaume. Correspondance, op. cit.*, p. 128, note 1.

95. Lettres de Matisse à André Rouveyre, 2 mars 1918, et de Barbazanges à Matisse, [début] 1918, citées par Baldassari,

« Exposition Matisse et Picasso, galerie Paul Guillaume, Paris, 1918 », art. cité, p. 361 et p. 365, notes 11 et 12.

96. Matisse à Guillaume, 20 janvier 1918.

97. Pinturicchio [Louis Vauxcelles], « Le carnet des ateliers », *Le Carnet de la semaine*, 3 février 1918.

98. Guillaume à Apollinaire, 12 janvier 1918, et réponse d'Apollinaire, 14 janvier 1918.

99. Identifications proposées par Anne Baldassari, Wanda de Guébriant, Jack Flam et Étienne-Alain Hubert dans « Exposer Matisse et Picasso. Note historique », art. cité, p. 362-363 et p. 365.

100. Copenhague, Statens Museum for Kunst. Exposé au musée de l'Orangerie à Paris en 2016, cf. Laurence des Cars (dir.), *Apollinaire. Le regard du poète*, *op. cit.*, n° 120, repr. p. 158.

101. Washington, The Phillips Collection, 1307.

102. Baldassari, « Exposition Matisse et Picasso, galerie Paul Guillaume, Paris, 1918 », art. cité, p. 363 et 365, notes 44 et 45.

103. Adolphe Basler, *La Peinture… religion nouvelle*, Paris, Bibliothèque des Marges, Librairie de France, 1926.

104. Guillaume à Matisse, 16 janvier 1918.

105. Yve-Alain Bois (dir.), *Matisse in the Barnes Foundation*, 3 vol. New York, Thames & Hudson, 2015.

106. Guillaume à Amélie Matisse, 24 janvier 1918.

107. « Henri Matisse et Picasso », *La Revue*, 1er mars 1918.

108. Guillaume à Matisse, 8 mars 1918.

109. Baldassari, « Exposition Matisse et Picasso, galerie Paul Guillaume, Paris, 1918 », art. cité, p. 364.

110. Paris, musée de l'Orangerie, fonds Alain Bouret.

111. Guillaume tentera plus tard de se justifier dans *Les Arts à Paris*, n° 18, juillet 1931.

112. Cf. Laurence des Cars (dir.), *Apollinaire. Le regard du poète*, *op. cit.*, p. 282, fig. 210. Œuvre conservée à Hambourg, Hamburger Kunsthalle, HK 5151.

113. Note de Picasso à Guillaume, s. d. [été 1918].

114. Guillaume à Picasso, 3, 10 et 14 août 1918.

115. Cécile Girardeau, « Giorgio de Chirico et Paul Guillaume », dans Baldacci (dir.), *Giorgio de Chirico, la peinture métaphysique*, *op. cit.*, p. 114.

116. Guillaume à Apollinaire, 31 juillet, début août et 29 août, 12, 20 et 25 septembre, 8 et 10 octobre 1918.

117. Campa, *Guillaume Apollinaire*, *op. cit.*, p. 768.

118. « Chronologie 1915-1929 », dans *Picasso. Sculptures*, cat. exp., musée national Picasso-Paris et Bozar, Bruxelles, Somogy, 2016, p. 107.

119. Dossier militaire de Paul Guillaume.

4. Le Tout-Paris. Le mariage. Le « Temple » : la galerie de la rue La Boétie

120. Jean Renoir à Guillaume, 23 ou 29 février [plutôt le 23] 1919 selon l'auteure de ces lignes, Paris, musée de l'Orangerie, fonds Alain Bouret.

121. Guillaume à Matisse, 22 février et 3 mars 1919.

122. *Picasso. Sculptures*, *op. cit.*, p. 107. Paul Guillaume, *Première exposition d'art nègre et d'art océanien organisée par M. Paul Guillaume*, Paris, 1919, inha.fr. Philippe Peltier, « L'art océanien entre les deux guerres : expositions et vision occidentale », *Journal de la Société des océanistes*, n° 65, t. 35, 1979, p. 271-282.

123. Dossier militaire de Paul Guillaume, toujours pour raisons médicales.

124. Guillaume à Picasso, 6 janvier 1920. Guillaume à Matisse, 7 janvier 1920.

125. Baldacci, *Giorgio de Chirico. La métaphysique, 1888-1919*, *op. cit.*, p. 375, n° 136.

126. Repr. dans Pigearias et Hornn, « Paul Guillaume et l'art africain. Histoire d'une collection à la lumière de nouvelles recherches », art. cité, p. 78, fig. 1.

127. Paris, musée de l'Orangerie, RF 1960 40.

128. Crosnier-Leconte, « De l'avenue de Messine à l'Orangerie des Tuileries », art. cité, p. 391.

129. Savinio, *Souvenirs*, *op. cit.*, p. 171.

130. Cécile Bargues, « "Seront-ils admis au Louvre ?" L'enquête de Fénéon sur les "arts lointains" », dans *Félix Fénéon. Critique, collectionneur, anarchiste*, *op. cit.*, p. 220-229.

131. Savinio, *Souvenirs*, *op. cit.*, p. 165.

132. Précision aimablement transmise par Charlotte Grand-Dufay.

133. Savinio, *Souvenirs*, *op. cit.*, p. 168.

134. Guillaume à Barnes, 29 août 1924 et 28 octobre 1928.

135. Guillaume à Barnes, notamment 17 novembre 1924 et 8 mai 1925.

136. Pierre de Trévières, « In memoriam », *La Femme de France*, 11 novembre 1934, p. 14.

137. Anecdote livrée en 1952 par André Breton et reprise par lui en 1970, cf. Cécile Girardeau, « Giorgio de Chirico et Paul Guillaume », art. cité, p. 115 et note 18. Œuvre à Stockholm, Moderna Museet, NM 6068.

138. Scarlett et Philippe Reliquet, *Henri-Pierre Roché. L'enchanteur collectionneur*, Paris, Ramsay, 1999.

139. Guillaume à Barnes, 15 avril 1927.

140. Guillaume à Barnes, 13 septembre 1927.

141. Guillaume à Barnes, s. d. mais dernier papier de l'année 1926.

142. Barnes à Guillaume avec copie de la lettre de Mme Lapauze du 26 mars 1928, réponse de Guillaume du 10 avril 1928.

143. Guillaume à Barnes, 21 janvier et 10 février 1928. Barnes à Guillaume, 23 février 1928.

144. Albert Barnes, « The Temple », *Opportunity*, 1924 ; reprise écourtée en français dans *Les Arts à Paris*, n° 10, novembre 1924. Laurie Ellington et Marcel Zahar, souvenirs de Joseph Brummer et du docteur Barnes après la mort de Paul

Guillaume, *Art News*, 24 novembre 1934, traduction ancienne faite sans doute pour Juliette Guillaume, album presse de Paul Guillaume.

145. Guillaume à Barnes, 25 janvier 1923.

146. Savinio, *Souvenirs*, *op. cit.*, p. 168.

147. Informations sur les ventes Kahnweiler tirées des études exhaustives de Vérane Tasseau, dont « Les ventes de séquestre du marchand Daniel-Henry Kahnweiler (1921-1923) », *Archives juives*, 2017/1, vol. 50, p. 26-40.

148. *Ibid.*, p. 30-31.

149. Le Corbusier à ses parents, 21 novembre 1921, Paris, archives Fondation Le Corbusier.

5. La roue de la fortune : la rencontre avec Albert Barnes

150. Albert Barnes à Leo Stein, 25 mai et 2 juin 1921, Fondation Barnes. Et Sylvie Patry, « Chaïm Soutine et le docteur Albert C. Barnes », *Chaïm Soutine/Willem de Kooning*, cat. exp., Paris, musées d'Orsay et de l'Orangerie/Hazan, 2021, p. 21-26.

151. Guillaume dans *Les Arts à Paris*, n° 7, janvier 1923.

152. Giraudon, « Soutine, ses marchands, ses mécènes », art. cité.

153. Comptes manuscrits de janvier 1922, peut-être plutôt janvier 1923, et Sylvie Patry, « Chaïm Soutine et le docteur Albert C. Barnes », art. cité, p. 22, note 13.

154. Barnes à Guillaume, 11 et 20 octobre 1922.

155. Barnes à Guillaume, 11 avril 1924. Voir l'étude exhaustive de Christa Clarke, *African Art in the Barnes Foundation: The Triumph of L'Art nègre and the Harlem Renaissance*, Skira/Rizzoli, 2015.

156. Lettre de l'Hôtel Mirabeau à Guillaume, 17 avril 1925.

157. Note de Barnes à Guillaume, 13 juillet 1922.

158. Guillaume à Barnes, 22 juillet 1922 ; réponse de Barnes, 15 août 1922.

159. Guillaume à Barnes, 11 septembre 1922, 12 février et 19 mars 1923.

160. Guillaume à Barnes, 6 et 21 novembre 1922.

161. Guillaume à Barnes, 9 février 1923 ; réponse de Barnes, 20 février 1923.

162. Barnes à Guillaume et réponses de Guillaume les 5, 14 et 16 octobre 1922.

163. Guillaume à Barnes, 13 novembre 1922.

164. Archives Vollard, Paris, musée d'Orsay.

165. Note manuscrite raturée de Barnes à Guillaume, 23 décembre 1922. Note autographe laissée à Paris puis restituée ou brouillon conservé à Philadelphie ? Guillaume à Barnes, 22 janvier 1926, équivalent de 948 656 euros.

166. Barnes à Guillaume, 20 et 27 octobre 1922.

167. Bénédicte Garnier, « Dans l'atelier de Kichizo Inagaki, ébéniste de Rodin », dans *Rodin. Le rêve japonais*, Paris, Flammarion, 2007, p. 86-95.

168. Bénédicte Garnier, « Kichizo Inagaki, assembleur de fragments égyptiens », dans *Rêve d'Égypte*, cat. exp., Paris, musée Rodin/In Fine, 2022, p. 156-157.

169. artkhade.com/fr/articles/422/Kichizo-Inagaki-le-mystérieux-ébéniste-japonais, 6 décembre 2012.

170. Clarke, *African Art in the Barnes Foundation*, *op. cit.*, p. 25-26, et Charles-Wesley Hourdé, « Kichizô Inagaki. Dans l'ombre des Grands du XXe siècle » et « Kichizô Inagaki. In the Shadow of the Twentieth Century Greats », *Tribal Art*, n° 66, hiver 2012, p. 96-105.

171. Guillaume à Barnes, 11 septembre 1922.

172. Michel Charzat, *André Derain. Le titan foudroyé*, Paris, Hazan, 2015, p. 236, 241 et 249. André Derain, le site officiel (andrederain.fr), ainsi que les *Cahiers André Derain*.

173. Barnes à Guillaume, 7 et 11 août 1922, et réponse de Guillaume, 11 septembre 1922.

174. Doucet à Guillaume, Paris, musée de l'Orangerie, fonds Alain Bouret.

175. Par ex. mention dans Guillaume à Barnes, 16 août 1923.

176. Clarke, *African Art in the Barnes Foundation*, *op. cit.*, p. 30 ; le négatif du même cliché repr. dans *Dada Africa*, *op. cit.*, p. 189, fig. 163 ; voir aussi négatif d'un autre masque au musée national d'Art moderne à Paris, AM 1994-393 (5433).

177. Vente Sotheby's Londres, 29 juin 1988, « Impressionist and Modern Drawings and Watercolors », lot 347. Information aimablement transmise par Cécile Girardeau.

178. Cécile Godefroy, *Sonia Delaunay. Les couleurs de l'abstraction*, cat. exp., Paris, musée d'Art moderne de la Ville de Paris, 2014.

179. Guillaume à Barnes, 14 octobre et 4 novembre 1922.

180. Barnes à Guillaume, 9 novembre 1922.

181. Guillaume à Barnes, 8 janvier 1923.

182. Guillaume à Barnes, 15 janvier 1923.

183. Guillaume à Barnes, 10, 16 et 24 janvier 1924. Barnes l'aurait donc revendu ? Œuvre inv. 1963-116-17.

184. Guillaume à Barnes, 18 janvier 1923.

185. Guillaume à Barnes, 10 mars 1924.

186. Facture d'Odilon Roche, 26 janvier 1923, Fondation Barnes.

187. Kahnweiler à Barnes, 25 septembre 1923, Fondation Barnes.

188. Guillaume à Barnes, 23 janvier 1923.

189. Guillaume à Barnes, 15, 23 et 25 septembre 1923. Barnes à Guillaume, 2 et 4 février 1923.

190. Janet Bishop, « Sarah and Michael Stein, Matisse and America », dans *The Steins Collect: Matisse, Picasso and the Parisian Avant-Garde*, cat. exp., San Francisco Museum of Modern Art/Yale University Press, 2011, p. 141.

191. *Matisse, Cézanne, Picasso… L'aventure des Stein*, *op. cit.*, p. 91-92.

192. Guillaume à Barnes, 21 novembre 1922.

193. Barnes à Guillaume, 4 février 1923.

194. Guillaume à Barnes, 14 novembre 1922.

195. Barnes à Guillaume et Guillaume à Barnes, le même 6 novembre 1922.

196. Guillaume à Barnes, 30 septembre 1924, et réponse de Barnes le même jour. Guillaume à Barnes, 2, 3 et 16 octobre 1924.

197. Barnes à Guillaume, 17 octobre 1924, et Guillaume à Barnes, 2 novembre 1924.

198. Barnes à Guillaume, 23 et 25 février, 1er et 6 mars 1923. Pour les versions des *Joueurs de cartes*, voir *Cézanne's Card Players*, cat. exp., Londres, The Courtauld Gallery, 2011, et *Cézanne in the Barnes Foundation*, 2021. La version de Pellerin, la dernière en mains privées, a été acquise pour la somme record de 250 millions de dollars (191,6 millions d'euros) par la famille royale du Qatar en 2011. Le portrait de Gustave Geffroy fut donné en 1969 à l'État français par la petite-fille de Pellerin ; Paris, musée d'Orsay, RF 1969 29. Les *Baigneuses* de Renoir, Paris, musée d'Orsay, RF 2795, *Renoir in the Barnes Foundation*, 2012.

199. Guillaume à Barnes, 24 mai 1923. Note de comptes manuscrite sans doute de la main de Guillaume dans les courriers de mai ou juin, s. d. ; facture de Lénars du 25 juin 1923, Fondation Barnes.

200. Factures de la maison Henri Laurent, 23 et 31 juillet 1923, et de la maison C. Leim, 27 juillet 1923, Fondation Barnes.

201. Guillaume à Barnes, s. d., dans les courriers de mars 1923.

202. Guillaume à Barnes, 6 et 12 mars 1923.

203. Guillaume à Barnes, 8 mars 1923.

204. Barnes à Guillaume, 21 et 23 mars, 12 avril 1923.

6. Le marchand tous azimuts et les débuts de sa collection

205. New York, The Morgan Library, Pierre Matisse Gallery Archives, 1903-1990.

206. Le destin des œuvres est reconstitué par Christel Hollevoet-Force, « Les Picasso de Soler ou la découverte d'un tableau caché », dans *Revoir Picasso, op. cit.*

207. Édimbourg, Scottish National Gallery of Modern Art GMA 2501.

208. New York, The Metropolitan Museum of Art, 1984.433.22

209. Sa collection d'art moderne fut dispersée chez Christie's New York le 6 novembre 2001, au cours d'une vente dont le produit était destiné à l'Unicef. Son « Art Tribal Collection » fut quant à elle vendue chez Christie's à Paris le 8 décembre 2001, au profit de l'Institut Curie.

210. New York, The Metropolitan Museum of Art, 176.1945.

211. Guillaume à Andry-Farcy, 22 juin 1923, Archives municipales et métropolitaines de Grenoble, R 2 55, lettre aimablement envoyée par Estelle Favre-Taylaz.

212. Reçu de l'Hôtel moderne à Grenoble au nom d'Albert Barnes, Andry-Farcy à Barnes, 3 juillet 1923, Fondation Barnes.

213. www.museedegrenoble.fr/2250-hommage-a-andry-farcy.htm ; œuvre de Picasso MG 2132, celles de Matisse MG 2097 et MG 2161.

214. *Matisse, Cézanne, Picasso… L'aventure des Stein*, *op. cit.*, p. 215-216.

215. Andry-Farcy à Guillaume, 18 septembre 1923, Paris, musée de l'Orangerie, fonds Alain Bouret. Masque, musée de Grenoble, MG 2176.

216. Barnes à Guillaume, 19 novembre 1923.

217. Pigearias et Hornn, « Paul Guillaume et l'art africain. Histoire d'une collection à la lumière de nouvelles recherches », art. cité, p. 82, fig. 11.

218. Paris, musée de l'Orangerie, fonds Alain Bouret.

219. Guillaume à Barnes, 15 avril, 10 et 22 octobre, 4 et 30 novembre, 8 décembre 1923. Crosnier-Leconte, « De l'avenue de Messine à l'Orangerie des Tuileries », art. cité, p. 392.

220. Repr. dans *Félix Fénéon. Critique, collectionneur, anarchiste*, *op. cit.*, p. 98 ; et voir Philippe Peltier, « L'art océanien entre les deux guerres : expositions et vision occidentale », art. cité.

221. Guillaume à Barnes, 11 et 22 novembre 1923. Équivalent de 113 839 euros.

222. Information aimablement transmise par Charlotte Grand-Dufay.

223. Barnes à Guillaume, s. d., dans les échanges de novembre 1923. Équivalent de 1 707 585 euros. Collection Winthrop léguée en 1943 au Fogg Art Museum de l'université de Harvard ; *L'Âge d'or*, 1943.247. Voir *La Collection Grenville L. Winthrop. Ingres, Burne-Jones, Whistler, Renoir… Chefs-d'œuvre du Fogg Art Museum, Université de Harvard*, cat. exp., musée des Beaux-Arts de Lyon, RMN, 2003. *L'Odalisque en grisaille*, vendue en 1937 au marchand Jacques Seligmann, New York, The Metropolitan Museum of Art, 38.65.

224. Guillaume à Barnes, 4 novembre 1923. Nature morte de Matisse, The Museum of Modern Art de New York, n° inv. 508. 1964, présentée au musée du Louvre à côté de la nature morte qui l'a inspirée en 2022-2023 dans l'exposition *Les Choses. Une histoire de la nature morte*. *La Cène* de Derain est à l'Art Institute of Chicago, 1946.339.

225. Guillaume à Barnes, 28 octobre 1923.

226. Lettres de Guillaume à Barnes, 14 janvier et 9 février 1924, et de Barnes à Guillaume, 15 janvier 1924. Facture de Serge Roche, 23 juin 1924.

227. Guillaume à Barnes, 12 février 1924.

228. Barnes à Guillaume, 18 janvier 1926.

229. Guillaume à Barnes, 24 avril 1926. Courtauld l'achète effectivement 110 000 dollars. Cf. Karen Serres, « Introduction : Samuel Courtauld : Champion of Impressionism », dans *The Courtauld Collection ; A Vision for Impressionism*, cat. exp., Fondation Louis Vuitton/The Courtauld Gallery, 2019, p. 5, note 17.

230. Guillaume à Barnes, 18, 25 et 27 mars 1924. La toile de Renoir est peut-être conservée au Japon, à l'Hiroshima Museum of Art.

231. Toile des Gourgaud léguée au musée national d'Art moderne à Paris, AM 4311 P ; toile de Doucet à New York, Museum of Modern Art, 507.1964. La version d'Halvorsen est-elle celle mentionnée à Copenhague par Alfred Barr en 1951 ? Voir Isabelle Monod-Fontaine, centrepompidou.fr/fr/ressources/oeuvre/R1DtrEq.

232. Reliquet, *Henri-Pierre Roché. L'enchanteur collectionneur, op. cit.*, p. 127.

233. André Breton à sa femme, 13 mars 1924, dans *Lettres à Simone Kahn*, Paris, Gallimard, 2016, p. 200. Information aimablement transmise par Vérane Tasseau.

234. Guillaume à Barnes, 2 avril 1924.

235. Guillaume à Barnes, 23 avril 1924.

236. Barnes à Guillaume, 29 avril 1924.

237. Barnes à Guillaume, 3 avril 1924.

238. Clarke, *African Art in the Barnes Foundation, op. cit.*, p. 64 ; Colette Giraudon dans *Les Arts à Paris chez Paul Guillaume, 1918-1935*, cat. exp., Musée de l'Orangerie, Paris, RMN, p. 31-33.

239. Campa et Read, « Introduction. Apollinaire et Paul Guillaume, vecteurs et visionnaires », art. cité, p. 17 ; chronologie dans *Picasso. Sculptures, op. cit.*

240. Guillaume à Barnes, 17 octobre 1924.

241. Guillaume à Barnes, 19 septembre 1924.

242. Guillaume à Barnes, 21 octobre 1924, et réponse de Barnes, 4 novembre 1924.

243. Lettres et télégramme de Guillaume à Barnes, 21, 25, 27 et 28 octobre 1924. *Mauvaise surprise*, Fondation Barnes, BF 281. François Chapon, *Mystère et splendeurs de Jacques Doucet, 1853-1929*, Paris, Jean-Claude Lattès, 1984, p. 412. *La Charmeuse de serpents*, Paris, musée d'Orsay, RF 1937 7.

244. Facture dans les papiers de la correspondance avec Guillaume, janvier 1925, Fondation Barnes.

245. Guillaume à Barnes, 16 novembre 1924.

246. Monod-Fontaine, centrepompidou.fr/fr/ressources/œuvre/10tBN3n. Les deux versions de l'*Arlequin assis* de 1923 ont été exceptionnellement montrées ensemble au Kunstmuseum de Bâle en 2020.

247. Deux lettres de Guillaume à Picasso, entre janvier 1916 et fin 1923, et entre 1923 et 1929 mais vers 1925-1926 selon les Archives Picasso. Est-ce la gouache envoyée à Guillaume le 10 mars 1925 à l'intention de Barnes par un M. Albert (?) Dreyfus de Francfort, agissant pour un M. Pollak ?

248. Cité par Anne Sinclair dans son ouvrage sur son grand-père *21, rue La Boétie*, Paris, Grasset & Fasquelle, 2012, p. 135-136. Voir aussi cat. exp. du même nom au musée Maillol, Paris, Hazan, 2017.

249. Guillaume à Barnes, 16 janvier 1924.

250. Information aimablement transmise par Vérane Tasseau.

251. Barnes à Guillaume, 10 février 1925, et Guillaume à Barnes, 12 février 1925.

252. Guillaume à Barnes, 21 et 27 avril, 1er mai 1925.

253. Guillaume à Barnes, 27 février 1925, et réponse de Barnes le même jour ; Guillaume à Barnes, 6 mars, 2 et 16 avril 1925.

254. Paris, musée de l'Orangerie, RF 1963 76 et RF 1963 75.

255. Guillaume à Barnes, 13 et 31 août 1925.

256. Guillaume à Barnes, 6 février 1926. 1 350 000 francs de 1926 équivalent à 1 903 500 euros.

257. Fondation Barnes, BF 957.

258. Guillaume à Barnes, 14 et 27 octobre 1925.

259. Guillaume à Barnes, 13 et 31 août 1925.

260. Breton à Doucet, 6 novembre 1923, cité dans Chapon, *Mystère et splendeurs de Jacques Doucet*, *op. cit.*, p. 428-429.

261. Yves Saint Laurent acquiert *Le Revenant* en juillet 1986 et le gardera jusqu'à sa mort. Estimée entre 7 et 10 millions d'euros, la toile est préemptée pour 11 041 000 euros par le Centre Pompidou le 25 février 2009, lors de la vente de la collection Pierre Bergé – Yves Saint Laurent organisée à Paris chez Christie's (n° 57). *Prospettiva con giocattoli* s'est trouvé à la Menil Collection de Houston.

262. Chapon, *Mystère et splendeurs de Jacques Doucet*, *op. cit.*, p. 439-440, et base de données des 1 300 œuvres appartenant à Doucet sur inha.fr.

7. Le rêve américain et les achats d'une vie

263. Guillaume à Barnes, 22 janvier 1926.

264. Voir le catalogue de l'exposition « Antoine Villard (1867-1934). Un indépendant au service de l'art », Mâcon, musée des Ursulines, 2018-2019.

265. Guillaume à Barnes, 1er août 1926. *La Carriole du Père Junier*, Paris, musée de l'Orangerie, RF 1960 26. *Portrait de Madame Cézanne*, Paris, musée de l'Orangerie, RF 1960 9.

266. Guillaume à Barnes, 3 mars et 30 juillet 1926.

267. Barnes à Guillaume, 22 février 1926. Guillaume à Barnes, lettre du 10 mars et télégrammes des 17, 20 et 26 mars 1926.

268. Guillaume à Barnes, s. d., dans les papiers d'avril 1926.

269. Barnes à Guillaume, 28 octobre 1924.

270. Laurie Ellington et Marcel Zahar, souvenirs de Joseph Brummer et du docteur Barnes après la mort de Paul Guillaume, *Art News*, art. cité.

271. Lettres de Guillaume à Barnes, s. d. ; télégramme de Barnes à Guillaume, 13 avril 1926 ; Guillaume à Barnes, 22 avril 1926.

272. Note de Guillaume à Barnes, dans les papiers d'avril 1926. Pour Kessler, voir par exemple Harry Kessler, *Journal, 1889-1937. Regards sur l'art et les artistes contemporains*, Paris, Maison des sciences de l'homme, 2017, 2 vol.

273. Guillaume à Barnes, 25 juillet 1926. Barnes à Guillaume, 23 novembre 1926, mentionnant un article de Salmon dans la *Revue de France*. Œuvre à la Fondation Barnes, BF 811.

274. Guillaume à Barnes, 8 mai 1926, et coupure de presse s. d. [8 mai]. Œuvre à Paris, musée de l'Orangerie, RF 1963 63.

275. Cliché dans les archives Vollard, Paris, musée d'Orsay. Paris, musée de l'Orangerie, RF 1963 38.

276. Note aimablement transmise par A. McKnight, *Early Education Record*, Fondation Barnes. Traduction de l'auteure et de Clémentine Bougrat.

277. Barnes à Guillaume, 15 juillet 1926.

278. Fondation Barnes, BF 583.

279. Guillaume à Barnes, 30 juillet, 21 août et 14 septembre 1926.

280. Musée de Grenoble, MG 2161. Lettre de Guillaume à Paul Mistral, 21 juillet 1926, et copie de la réponse de ce dernier, 31 juillet 1926, Archives municipales et métropolitaines de Grenoble, aimablement envoyées par Estelle Favre-Taylaz.

281. Guillaume à Matisse, 13 août 1926, et réponse de ce dernier, 29 août 1926.

282. Coll. part.

283. New York, Museum of Modern Art, 17.1936. Guillaume à Barnes, 14 et 23 septembre 1926. Pour ces quatre œuvres, voir le remarquable *Matisse: Radical Invention 1913-1917*, cat. exp., Chicago, The Art Institute of Chicago, et New York, Museum of Modern Art, 2010.

284. New York, Museum of Modern Art, 125.1946.

285. Fondation Barnes, BF 717.

286. Chicago, The Art Institute of Chicago, 1953.158.

287. Guillaume à Matisse, s. d. mais fait allusion à cette exposition. Voir aussi Pierre Brévignon, *Le Groupe des Six*, Arles, Actes Sud, 2020.

288. Rémi Labrusse, « Le muséoclaste », *Les Cahiers du musée national d'Art moderne. Dossier Georges Duthuit*, hors-série, 2015, p. 27.

289. New York, The Metropolitan Museum of Art, 2002.456.4.

290. Guillaume à Matisse, 14 et 25 octobre 1926.

291. Guillaume à Barnes, 7 octobre 1926.

292. Guillaume à Matisse, 29 octobre 1926.

293. Guillaume à Barnes, 23 septembre 1926. Équivalent de 423 000 à 987 000 euros.

294. Barnes à Guillaume, 6 octobre 1926.

295. Guillaume à Matisse, 25 octobre et 13 décembre 1926. Voir *Matisse. Cahiers d'art. Le tournant des années 1930*, cat. exp., Paris, musées d'Orsay et de l'Orangerie/RMN, 2023.

296. Guillaume à Barnes, 7 et 25 octobre 1926. Sans doute *Femme au tambourin*, de 1925, Paris, Musée de l'Orangerie, RF 1963 73.

297. New York, The Metropolitan Museum of Art, 53.140.4. Équivalent de 56 208 euros.

298. Savinio, *Souvenirs*, *op. cit.*, p. 165 et 168-169.

299. Guillaume à Picasso, entre fin 1923 et début 1930.

8. L'avenue de Messine et le grand projet d'un musée

300. Archives de *Cahiers d'art*, Paris, Centre Pompidou, bibliothèque Kandinsky, don Yves de Fontbrune, 2001.

301. Vente Christie's Paris, « Arts d'Asie », 9 juin 2021, lot 16, préempté par le musée Guimet, Paris, pour

375 000 euros, MA 13133. Précision aimablement transmise par Vincent Lefèvre, directeur des collections.

302. Charlotte Grand-Dufay, « Les trésors d'Afrique équatoriale de la collection Rubinstein », dans *Helena Rubinstein. La collection de Madame*, cat. exp., Paris, musée du quai Branly – Jacques Chirac, 2020, p. 67. Probablement acheté par Helena Rubinstein à Guillaume, aujourd'hui au Detroit Institute of Arts.

303. Paris, musée du quai Branly – Jacques Chirac, 71.1941.13.14.

304. Madrid, musée Reina Sofia, entré en 2022, DE02357.

305. Paris, musée de l'Orangerie, RF 1960 9.

306. Guillaume à Barnes, 28 septembre 1927.

307. Correspondance entre Guillaume et Barnes, 15 octobre au 3 décembre 1927.

308. Carrie Pilto, « Les Stein bâtisseurs », dans *Matisse, Cézanne, Picasso… L'aventure des Stein*, *op. cit.*, p. 240-249.

309. Plans à la Fondation Le Corbusier, publiés par Crosnier-Leconte, « De l'avenue de Messine à l'Orangerie des Tuileries », art. cité, p. 391-399.

310. Correspondance entre les Wildenstein et Barnes, et entre Barnes et Guillaume, du 12 janvier au 4 mars 1927.

311. New York, The Frick Collection, 1927.1.81.

312. Barnes à Guillaume, 31 janvier 1927.

313. Barnes à Guillaume, 3 mai 1927. Fondation Barnes, BF388, BF584, BF582.

314. Cité dans Martine Balard, *Dahomey 1930. Mission catholique et culte vodoun*, Presses universitaires de Perpignan, 2017. Voir aussi Laurick Zerbini, *L'Afrique noire en vitrines. Lyon 1860-1960*, Maisonneuve & Larose/Hémisphères, 2019, p. 235-246, et *Salon du Sud-Est. Peinture, sculpture, photo, dessin, gravure*, Paris, Lyon, Casta Diva, 2007. Informations aimablement transmises par Christelle Lottin.

315. A. Pouchon [?] à Guillaume, 25 mai 1927, Paris, musée de l'Orangerie, fonds Alain Bouret.

316. Musée de Grenoble, MG 2434.

317. Guillaume à Barnes, 26 juillet, 12 et 24 août, 13 septembre 1927.

318. Paris, musée de l'Orangerie, RF 1963 67. Voir *Matisse. La période niçoise, 1917-1929*, cat. exp., musée des Beaux-Arts de Nantes, Paris, RMN, 2003.

319. Guillaume à Barnes, 1er octobre 1927.

320. Giraudon dans *Chaïm Soutine*, *op. cit.*, p. 30, et précisions aimablement transmises par Nazim Kadri, spécialiste de Fautrier.

321. Guillaume à Barnes, 21 janvier et 10 février 1928 ; Barnes à Guillaume, 23 février 1928.

322. *Picasso et la danse*, cat. exp., opéra Garnier, Paris, BNF, 2018.

323. Guillaume à Barnes, 23 mars et 5 avril 1928.

324. Conservée à l'Albertina de Vienne, fonds Adolf Loos. Crosnier-Leconte, « De l'avenue de Messine à l'Orangerie des Tuileries », art. cité, p. 402.

325. Barnes et Guillaume, entre le 7 septembre 1928 et le 10 janvier 1929.

326. Guillaume à Barnes, 25 février et 11 mars 1928, et lettre faussement datée du 28 mars 1929, plutôt 1928.

327. Guillaume à Barnes, 23 octobre, 14 et 22 novembre 1928.

328. Paris, musée de l'Orangerie, RF 1963 55, et *Marie Laurencin*, cat. exp., Paris, musée Marmottan-Monet, 2013. Lettre de Marie Laurencin à Juliette, s.d., Paris, musée de l'Orangerie, fonds Alain Bouret.

329. Paris, musée de l'Orangerie, RF 1960 36.

9. Chassé-croisé : la rupture avec Barnes et l'exposition de la collection personnelle. Le géant aux pieds d'argile

330. Barnes à Guillaume, 14 février 1929, et réponse de Guillaume, 26 février 1929. Fondation Barnes, BF 892.

331. Barnes à Guillaume, 1er mars 1929.

332. Barnes à Guillaume, 21 juin, et traduction en français du 3 juillet 1929 ; réponse de Guillaume, 4 juillet 1929.

333. Guillaume à Barnes 16 juillet, et réponse de Barnes 25 juillet 1929.

334. Vente Paris, Artcurial, « Livres et manuscrits », 2 mai 2007, lot 945.

335. Paris, musée de l'Orangerie, RF 1963 77, RF 1963 71, RF 1963 73.

336. Paris, musée de l'Orangerie, RF 1969 16.

337. Information aimablement transmise par Guillaume Fabius.

338. Les éléments formels du masque empruntent aux Dan et aux Wé ; musée de Grenoble, MG 2548.

339. Daniel Wildenstein et Yves Stavridès, *Marchands d'art*, Paris, Plon, 1999, p. 64-66, cité par Crosnier-Leconte, « De l'avenue de Messine à l'Orangerie des Tuileries », art. cité, note 45, p. 421.

340. Saint-Louis, Saint Louis Art Museum, 74:1945.

341. Tampon sur une lettre à Barnes, 30 septembre 1929.

342. Dossier de Légion d'honneur de Paul Guillaume, référencé dans la base Léonore et conservé à Fontainebleau, Archives nationales, 19800035/395/52918. Information aimablement transmise par Cécile Girardeau, avec l'aide d'Henri Massenet, responsable de l'accueil des publics sur le site de Fontainebleau.

343. Paris, musée de l'Orangerie, RF 1963 53.

344. Voir *Charles Ratton. L'invention des arts « primitifs »*, cat. exp., Paris, musée du quai Branly – Jacques Chirac, 2013.

345. Yaëlle Biro, « Les arts de l'Afrique à la galerie du Théâtre Pigalle », dans Charles-Wesley Hourdé et Nicolas Rolland (dir.), *Galerie Pigalle. Afrique. Océanie. 1930. Une exposition mythique*, cat. exp., Paris, Somogy, 2018, p. 119.

346. Hélène Joubert, « La collection de Madame : l'Afrique au cœur », dans *Helena Rubinstein. La collection de Madame*, *op. cit.*, p. 45.

347. Collection étudiée depuis plusieurs années par Michèle Hornn et Charlotte Grand-Dufay, que je remercie pour leurs analyses.

348. Pigearias et Hornn, « Paul Guillaume et l'art africain. Histoire d'une collection à la lumière de nouvelles recherches », art. cité, p. 86-88, citant Robert Goldwater en 1938.

349. Paris, musée du quai Branly – Jacques Chirac, 71.1941.13.10 ; New York, The Metropolitan Museum of Art, 1979.206.229. Pour une exposition récente et exhaustive comprenant des œuvres de Guillaume, voir *Les Forêts natales. Arts d'Afrique équatoriale atlantique*, cat. exp., Paris, musée du quai Branly – Jacques Chirac / Actes Sud, 2017.

350. Terme employé par William Rubin dans Paudrat (dir.), *Le Primitivisme dans l'art du XXe siècle. Les artistes modernes devant l'art tribal*, *op. cit.*, p. 17, cité par Pigearias et Hornn, « Paul Guillaume et l'art africain. Histoire d'une collection à la lumière de nouvelles recherches », art. cité, p. 85.

351. Analyse aimablement communiquée par Yaëlle Biro.

352. Biro, « Paul Guillaume, Marius de Zayas, and African Arts: A Transatlantic Partnership (1914-1923) », art. cité, p. 101.

353. Pour les versions de *Madame Cézanne*, voir *Madame Cézanne*, cat. exp., New York, The Metropolitan Museum of Art, 2014-2015.

354. *The New York Times*, 28 janvier 1931. Information aimablement transmise par Guillaume Fabius.

355. Guillaume à Egger, avril 1931, peut-être envoyé par le destinataire à Matisse, car conservé aux Archives Matisse, et Guillaume à Matisse, 17 février 1931.

356. Paris, musée de l'Orangerie, RF 1963 66, RF 1963 67, RF 1963 65.

357. Information de Sarah Imatte.

358. Crosnier-Leconte, « De l'avenue de Messine à l'Orangerie des Tuileries », art. cité, p. 404-408.

359. Recherches au musée de l'Orangerie sous l'égide de l'auteure ; *Picasso 1932. Année érotique*, cat. exp., musée national Picasso-Paris, 2018 ; recherches de Charlotte Chastel-Rousseau pour le musée national Picasso-Paris.

360. Michel Georges-Michel, *Aux écoutes*, 25 juin 1932.

361. *Journal officiel*, 31 mai 1932. *Comœdia*, 10 juillet et 11 août 1932. Musée de Grenoble, MG 2667.

362. Cité dans Giraudon, *Paul Guillaume et les peintres du XXe siècle. De l'art nègre à l'avant-garde, op. cit.*, p. 112.

363. Crosnier-Leconte, « De l'avenue de Messine à l'Orangerie des Tuileries », art. cité, p. 404.

364. Repr. dans Pigearias et Hornn, « Paul Guillaume et l'art africain. Histoire d'une collection à la lumière de nouvelles recherches », art. cité, p. 84, fig. 16.

365. Crosnier-Leconte, « De l'avenue de Messine à l'Orangerie des Tuileries », art. cité, p. 409.

366. *Aux écoutes*, 6 octobre 1934.

Conclusion

367. *Le Monde*, 11 novembre 1965.

368. musees-troyes.com/art-moderne/decouvrir-la-collection/arts-primitifs. Musée rouvert en décembre 2022.

369. Christine Clerc, *Domenica la diabolique*, Paris, Éditions de l'Observatoire, 2021.

Légendes détaillées du cahier couleurs

I.

Giorgio de Chirico, *Portrait de Paul Guillaume*, 1915

Huile sur toile, 79 × 57,2 cm

Grenoble, musée de Grenoble, don d'Albert Barnes, 1935

L'un des deux portraits de son marchand peints par Chirico, cette effigie fut réclamée par Albert Barnes à Paul Guillaume pour la salle portant son nom à la Fondation Barnes. Après la mort subite de ce dernier, Barnes en fit don au musée de Grenoble en souvenir de son ancien ami et de son combat pour l'art moderne au côté du conservateur Andry-Farcy.

II.

Guy Fauconnet, Couverture du n° 2 des *Arts à Paris*, 15 juillet 1918

Paris, musée de l'Orangerie, fonds Alain Bouret.

III.

Natalia Gontcharova, Couverture du n° 4 des *Arts à Paris*, 15 mai 1919

Paris, musée de l'Orangerie, fonds Alain Bouret

IV.

Amedeo Modigliani, *Paul Guillaume, Novo Pilota*, 1915

Huile sur carton, 105 × 75 cm

Paris, musée de l'Orangerie, collection Walter-Guillaume

L'un des quatre portraits de Paul Guillaume peints par Modigliani.

V.

Chaïm Soutine, *Le Petit Pâtissier*, vers 1919

Huile sur toile, 66 × 51 cm

Philadelphie, Fondation Barnes

Ce tableau attira l'attention de Paul Guillaume puis d'Albert Barnes en 1922 et fut la source de leur entente.

VI.

Chaïm Soutine, *Le Gros Arbre bleu*, vers 1920-1921

Huile sur toile, 83 × 46 cm

Paris, musée de l'Orangerie, collection Walter-Guillaume

Un exemple des paysages tourmentés de Soutine que Paul Guillaume affectionnait.

VII.

Paul Cézanne, *Vase paillé, sucrier et pommes*, entre 1890 et 1894

Huile sur toile, 36 × 46 cm

Paris, musée de l'Orangerie, collection Walter-Guillaume

Paul Guillaume choisit de reproduire cette œuvre parmi un florilège de sa collection dans les *Cahiers d'art* du 1er janvier 1927.

VIII.

Paul Cézanne, *Portrait de Madame Cézanne*, entre 1885 et 1895

Huile sur toile, 81 × 61 cm

Paris, musée de l'Orangerie, collection Walter-Guillaume

Paul Guillaume était très fier d'avoir acquis deux portraits d'Hortense Fiquet, épouse de Cézanne, dont cette version achetée en 1926.

IX.

Henri Matisse, *Les Trois Sœurs*, 1917

Huile sur toile, 92 × 73 cm

Paris, musée de l'Orangerie, collection Walter-Guillaume

Paul Guillaume réussit à acquérir cette toile lors de la vente d'Auguste Pellerin en mai 1926. Elle fait écho au triptyque de Matisse sur le même thème de trois figures qu'il avait exposé en janvier 1918, dont deux panneaux furent achetés grâce à lui par Albert Barnes.

X.

Pablo Picasso, *Nu sur fond rouge*, 1906

Huile sur toile, 81 × 54 cm

Paris, musée de l'Orangerie, collection Walter-Guillaume

Paul Guillaume rencontra Picasso dès 1911 ou 1912 et acquit ce nu contemporain des études de l'artiste autour des *Demoiselles d'Avignon*.

XI.

Anonyme, Masque-portrait d'un homme barbu (mblo), culture baoulé, (Côte d'Ivoire), vers 1890-1915

Bois, sur un socle de Kichizo Inagaki, 33 × 18,4 × 9,8 cm

Philadelphie, Fondation Barnes

L'une des belles œuvres africaines vendues à Albert Barnes par Paul Guillaume.

XII.

Anonyme, *Masque anthropomorphe ngontang*, culture fang, (Gabon), XIXe siècle

Bois, kaolin, 25 × 19,4 × 16,4 cm

Paris, musée du quai Branly – Jacques Chirac

Ce masque couvert d'argile blanchie fut placé par Paul Guillaume dans son appartement de l'avenue de Messine.

XIII.

Pablo Picasso, *Femme au chapeau*, 1921

Huile sur toile, 118 × 91 cm

Paris, musée de l'Orangerie, collection Walter-Guillaume

Parmi les différentes œuvres représentatives de la production de Picasso que posséda Paul Guillaume, celle-ci est l'une des grandes figures du « retour à l'ordre ».

XIV.

Auguste Renoir, *Jeunes filles au piano*, vers 1892

Huile sur toile, 116 × 81 cm

Paris, musée de l'Orangerie, collection Walter-Guillaume

Seul grand format de Renoir conservé par Paul Guillaume.

XV.

Auguste Renoir, *Groupe se baignant*, 1916

Huile sur toile, 73,5 × 92,5 cm

Philadelphie, Fondation Barnes

Albert Barnes essaya de se procurer deux autres versions des *Baigneuses* de Renoir avant de pouvoir acquérir celle-ci, appartenant à Walther Halvorsen, grâce à Paul Guillaume.

XVI-XVII.

Henri Rousseau dit le Douanier, *La Carriole du père Junier*, 1908

Huile sur toile, 97 × 129 cm

Paris, musée de l'Orangerie, collection Walter-Guillaume

Paul Guillaume considérait cette toile comme un « tableau extraordinaire », qu'il acquit en 1926 avec plusieurs œuvres de l'artiste à la vente de la collection Villard.

XVIII.

Henri Rousseau dit le Douanier, *La Noce*, 1905

Huile sur toile, 163 × 114 cm

Paris, musée de l'Orangerie, collection Walter-Guillaume

Paul Guillaume acheta « la fameuse » *Noce* en 1924 pour l'exposer dans sa future galerie londonienne et ne voulut jamais s'en séparer.

XIX.

Giorgio de Chirico, *Le Revenant*, 1917-1918

Huile sur toile, 94 × 77,9 cm

Paris, Centre Pompidou, musée national d'Art moderne – Centre Georges-Pompidou

Cette œuvre métaphysique fascina les surréalistes dont André Breton et appartint à certains des plus grands collectionneurs du XXe siècle : Paul Guillaume, Jacques Doucet et Yves Saint Laurent.

XX.

André Derain, *Madame Paul Guillaume au grand chapeau*, entre 1928 et 1929

Huile sur toile, 92 × 73 cm

Paris, musée de l'Orangerie, collection Walter-Guillaume

Le portrait fut très apprécié de Paul Guillaume et de sa femme car il fut publié plusieurs fois dès 1929.

XXI.

André Derain, *Arlequin et Pierrot*, 1924

Huile sur toile, 175 × 175 cm

Paris, musée de l'Orangerie, collection Walter-Guillaume

Rare commande de Paul Guillaume à son ami Derain, ce grand tableau montrant le marchand en Pierrot devint l'emblème de sa collection et lui plut autant qu'à sa femme.

XXII.

Anonyme, *Torse de Bouddha*, Inde, époque kouchane, IIe siècle de notre ère

Grès rouge

Paris, musée national des Arts asiatiques – Guimet

Paul Guillaume plaça ce torse en évidence devant *Les Trois Sœurs* de Matisse, dans son appartement de l'avenue de Messine.

XXIII.

Anonyme, *Statuette de gardien de reliquaire eyema byeri*, culture fang, (Gabon), XIXe siècle

Bois, probablement sur un socle de Kichizo Inagaki

Paris, musée du quai Branly – Jacques Chirac, en dépôt au musée de l'Orangerie, ancienne collection Paul Guillaume

XXIV.

Anonyme, *Statuette de gardien de reliquaire, effigie mbulu ngulu*, population kota, (Gabon), XIXe siècle

Bois, cuivre, probablement sur un socle de Kichizo Inagaki, 60 × 26,2 × 10,5 cm

Paris, musée du quai Branly – Jacques Chirac, en dépôt au musée de l'Orangerie, ancienne collection Paul Guillaume

Les statuettes de ce type figuraient parmi les œuvres africaines les plus appréciées du marchand-collectionneur.

XXV.

Anonyme, *Couple assis*, culture dogon, (Mali), fin XIXe – début XXe siècle

Bois, sur un socle de Kichizo Inagaki, 69,5 × 27,9 × 26,7 cm

Philadelphie, Fondation Barnes

Cette double statuette appartenait à Paul Guillaume, qui la publia dans le n° 5 des *Arts à Paris* du 1er novembre 1919 avant de la vendre à Albert Barnes.

XXVI.

Henri Matisse, *Le Bonheur de vivre*, 1905-1906

Huile sur toile, 176,5 × 240,7 cm

Philadelphie, Fondation Barnes

Paul Guillaume avait acquis cette toile provenant de Leo Stein auprès de la galerie Bernheim-Jeune, avant de la revendre à Christian Tetzen-Lund, puis de la racheter pour Albert Barnes. Cette œuvre majeure, tournant de l'art moderne du début du XXe siècle, fut une prise de choix.

XXVII.

Henri Matisse, *Demoiselles à la rivière*, 1909-1917

Détrempe sur toile, 260 × 392 cm

Chicago, The Art Institute of Chicago

Paul Guillaume découvrit ce « très grand et somptueux tableau assez abstrait, représentant quatre personnages au bord d'une rivière » dans l'atelier de Matisse et put exceptionnellement l'acheter directement à l'artiste, en même temps qu'un autre grand format. Les *Demoiselles à la rivière* restèrent l'une de ses œuvres préférées.

XXVIII.

Marie Laurencin, *Portrait de Madame Paul Guillaume*, 1928

Huile sur toile, 92 × 73 cm

Paris, musée de l'Orangerie, collection Walter-Guillaume

Paul Guillaume fit la connaissance de Marie Laurencin probablement dès 1911 alors qu'elle était liée à Apollinaire. Il la retrouva après la Grande Guerre et l'exposa parfois. Elle devint une proche amie de sa femme Juliette.

XXIX.

Anonyme, *Tête sculptée provenant d'un ensemble reliquaire, le « Grand Byeri »*, culture fang, (Gabon) groupe nio betsi, XIXe siècle – début du XXe siècle

Bois, métal et huile de palme, probablement sur un socle de Kichizo Inagaki

New York, The Metropolitan Museum of Art

Paul Guillaume présenta une seule œuvre africaine à l'exposition de sa collection personnelle de tableaux en 1929 : celle-ci, qui fut ensuite placée avenue du Bois et devint l'une des pièces les plus célèbres lui ayant appartenu.

XXX.

Paul Guillaume, *Fruits sur l'assiette*, 1922

Huile sur carton, 38 × 45,5 cm

Paris, musée de l'Orangerie

Acquise en 2018 par le musée de l'Orangerie, cette huile sur carton est l'un des plus heureux essais de Paul Guillaume à la peinture, en plus de croquis et gouaches qu'il réalisa toute sa vie.

XXXI.

Maurice Utrillo, *La Maison Bernot*, 1924

Huile sur toile, 100 × 146 cm

Paris, musée de l'Orangerie, collection Walter-Guillaume

Une des vues du quartier de Montmartre que l'artiste mais aussi son marchand connaissaient bien.

XXXII.

Kees Van Dongen, *Portrait de Paul Guillaume*, vers 1930

Huile sur toile, 100 × 74 cm

Paris, musée de l'Orangerie, collection Walter-Guillaume

Le marchand-collectionneur, qui a fait part de son désir d'ouvrir un musée, peut-être un jour offert à l'État, arbore le ruban de la Légion d'honneur, qui lui a été décernée en avril 1930.

Crédits photographiques

Couverture : Photo © Thomas Hennocque

p. 10-11 : Photo BnF•p. 18, 19 : Photo © RMN-Grand Palais (musée de l'Orangerie) / Archives Alain Bouret, image Dominique Couto•p. 32 : Photo © musée de l'Orangerie, dist. RMN-Grand Palais / Patrice Schmidt•p. 34 : Photo © RMN-Grand Palais (musée de l'Orangerie) / Hervé Lewandowski•p. 40, 42 : Photo © musée de l'Orangerie, dist. RMN-Grand Palais / Patrice Schmidt•p. 45, 46, 50, 52, 55 : Photo © RMN-Grand Palais (musée de l'Orangerie) / Archives Alain Bouret, image Dominique Couto•p. 59 : Photo © musée de l'Orangerie, dist. RMN-Grand Palais / Patrice Schmidt• p. 62, 63 : Chancellerie des Universités de Paris – Bibliothèque littéraire Jacques Doucet. Photo : Suzanne Nagy• p. 69 : Photo © RMN-Grand Palais (musée national Picasso-Paris) / Mathieu Rabeau•p. 72 : Photo © RMN-Grand Palais (musée de l'Orangerie) / Archives Alain Bouret, image Dominique Couto•p. 87 : Photo © musée de l'Orangerie, dist. RMN-Grand Palais / Patrice Schmidt• p. 94 : Photo BnF•p. 98 : Photo © RMN-Grand Palais (musée de l'Orangerie) / Archives Alain Bouret, image Dominique Couto•p. 106 : Photograph by Angelo Pinto, courtesy of the Pinto family. Photograph Collection, Barnes Foundation Archives, Philadelphia•p. 116 haut : Photo © RMN-Grand Palais (musée de l'Orangerie) / Archives Alain Bouret, image Dominique Couto•p. 116 bas, 123. : Photo © Thomas Hennocque•p. 130, 131 : Photo © RMN-Grand Palais (musée de l'Orangerie) / Archives Alain Bouret, image Dominique Couto•p. 153 : Photo © Thomas Hennocque•p. 156, 159, 161 : Photo © RMN-Grand Palais (musée de l'Orangerie) / Archives Alain Bouret, image Dominique Couto•p. 177 : Photo © Thomas Hennocque•p. 178 : Photo © Centre Pompidou, MNAM-CCI Bibliothèque Kandinsky, dist. RMN-Grand Palais / Fonds Cahiers d'Art•p. 180 : Photo © musée de l'Orangerie, dist. RMN-Grand Palais / Patrice Schmidt• p. 200 haut : Photo © RMN-Grand Palais (musée de l'Orangerie) / Archives Alain Bouret, image Dominique Couto•p. 200 bas : Photo © Thomas Hennocque•p. 202 : Photo © RMN-Grand Palais (musée de l'Orangerie) / Archives Alain Bouret, image Dominique Couto•p. 207, 213 : Photo © Thomas Hennocque•p. 214 : Photo © RMN-Grand Palais (musée de l'Orangerie) / Archives Alain Bouret, image Dominique Couto•p. 216 : Photo © Thomas Hennocque•p. 218 : Photo © RMN-Grand Palais (musée de l'Orangerie) / Madeleine Coursaget•p. 219, 221 : Photo © RMN-Grand Palais (musée de l'Orangerie) / Archives Alain Bouret, image Dominique Couto•p. 225 : Photo © Thomas Hennocque•p. 232 : Keystone Press / Alamy Banque d'Images

Crédits photographiques

Cahier couleur

I : G. Dagli Orti / © NPL – DeA Picture Library / Bridgeman Images•II : Photo © RMN-Grand Palais (musée de l'Orangerie) / Archives Alain Bouret, image Dominique Couto•III : Photo © RMN-Grand Palais (musée de l'Orangerie) / Archives Alain Bouret, image Dominique Couto•IV : Photo © RMN-Grand Palais (musée de l'Orangerie) / Hervé Lewandowski•V : Image courtesy of the Barnes Foundation•VI : Photo © RMN-Grand Palais (musée de l'Orangerie) / Thierry Le Mage• VII : Photo © RMN-Grand Palais (musée de l'Orangerie) / Hervé Lewandowski•VIII : Photo © musée de l'Orangerie, dist. RMN-Grand Palais / Patrice Schmidt• IX : Photo © RMN-Grand Palais (musée de l'Orangerie) / Michel Urtado / Benoit Touchard•X : Photo © RMN-Grand Palais (musée de l'Orangerie) / Hervé Lewandowski•XI : Photo The Barnes Foundation•XII : Photo © musée du quai Branly – Jacques Chirac, dist. RMN-Grand Palais / Claude Germain•XIII : Photo © musée de l'Orangerie, dist. RMN-Grand Palais / Patrice Schmidt• XIV : Photo © RMN-Grand Palais (musée de l'Orangerie) / Jean-Gilles Berizzi•XV : Image courtesy of the Barnes Foundation•XVI : Photo © RMN-Grand Palais (musée de l'Orangerie) / Franck Raux•XVII : Photo © RMN-Grand Palais (musée de l'Orangerie) / Hervé Lewandowski•XVIII : Photo © Centre Pompidou, MNAM-CCI, dist. RMN-Grand Palais / Bertrand Prévost•XIX : Photo © RMN-Grand Palais (musée de l'Orangerie) / Hervé Lewandowski•XX : Photo © RMN-Grand Palais (musée de l'Orangerie) / Hervé Lewandowski•XXI : Photo © RMN-Grand Palais (MNAAG, Paris) / Michel Urtado•XXII : Photo © musée du quai

Index

Table

Cet ouvrage a été mis en pages par

<pixellence>

Achevé d'imprimer en août 2023
dans les ateliers de Normandie Roto Impression s.a.s.
61250 Lonrai
N° d'impression : 2302690
N° d'édition : 611345-0
Dépôt légal : septembre 2023

Imprimé en France